汉家女儿

HANJIA NÜER YIGE ZHONGGUO LAODONG FUNÜ DE ZIZHUAN

一个中国劳动妇女的自传

［美］蒲爱德　著　辛茂香　译　刘云军　审订

齊魯書社

·济南·

图书在版编目（CIP）数据

汉家女儿：一个中国劳动妇女的自传 /(美) 蒲爱德著；辛茂香译. -- 济南：齐鲁书社, 2024.1
ISBN 978-7-5333-4794-9

Ⅰ. ①汉… Ⅱ. ①蒲… ②辛… Ⅲ. ①中国历史－近代史－研究 Ⅳ. ①K250.7

中国国家版本馆CIP数据核字(2023)第232308号

责任编辑　刘　强
装帧设计　亓旭欣

汉家女儿：一个中国劳动妇女的自传

［美］蒲爱德　著　辛茂香　译　刘云军　审订

主管单位	山东出版传媒股份有限公司
出版发行	齊魯書社
社　　址	济南市市中区舜耕路517号
邮　　编	250003
网　　址	www.qlss.com.cn
电子邮箱	qilupress@126.com
营销中心	（0531）82098521　82098519　82098517
印　　刷	山东临沂新华印刷物流集团有限责任公司
开　　本	889mm × 1194mm　1/24
印　　张	12.5
插　　页	3
字　　数	192千
版　　次	2024年1月第1版
印　　次	2024年1月第1次印刷
标准书号	ISBN 978-7-5333-4794-9
定　　价	98.00元

据宁老太太讲述的故事而来

译者前言

《汉家女儿：一个中国劳动妇女的自传》这本书的作者蒲爱德女士（Ida Pruitt），是美国南部浸信会传教士蒲其维先生和浦安娜女士的长女，这对美国传教士夫妇在胶东地区生活和传教长达五十多年。蒲爱德女士于 1888 年出生于蓬莱的基督教医院，其童年时代跟随父母在黄县（今龙口）城北的宋家疃度过。大约在 1900 年，她离开父母到芝罘（今烟台）的英语学校上学。后来蒲爱德女士回到了父亲的家乡佐治亚州的女子学校就读，然后又进了哥伦比亚大学的教育学院深造。1910 年获得了哥伦比亚大学文学和教育学双学士学位。1912 年，蒲爱德女士回到芝罘（今烟台），在南部浸信会的卫灵女校任教，两年之后即接任该校的校长，直到1918年去了美国。

1920年，洛克菲勒基金会送蒲爱德女士去波士顿的麻省综合医院学习。麻省综合医院是美国最早开展医务社会工作的顶尖医院。1921年，蒲爱德女士在新开业的北京协和医院组建了社会服务部，社会服务部的工作极大地促进了医院和患者的良好关系。同时，蒲爱德女士还在燕京大学社会学系和协和医院高级护师学校任教，培养了第一批医院社会服务工作人员，并派人去南京鼓楼医院、山东齐鲁医院、上海中山医院等各地医院指导成立社会服务部。蒲爱德女士在北京协和医院社会服务部担任领导职务长达18年，她是中国医务社会工作服务模式的奠基人，她领导的协和医院社会服务部为中国医务社会工作树立了一座丰碑。

1937年卢沟桥事变后，北平协和医院社会服务部还成立了救济部，专门收治“七七”事变时受伤的第二十九军官兵，蒲爱德女士还亲自担任救济部的主任。

1938年在与洛克菲勒基金会的聘任期满后，蒲爱德女士离开北平来到上海。她与美国记者埃德加·斯诺夫妇和新西兰著名的社会活动家路易·艾黎先生一起致力于中国工业合作社的工作，以实际行动支持中国人民的抗日斗争。蒲爱德女士全身心投入工业合作社的推进和宣传工作中，被誉为“工合”运动中最活跃、最顽强的活动家之一。

1939年，蒲爱德女士受宋庆龄先生之托，用自己微薄的积蓄在美国纽约成立了中国“工合”美国促进委员会。蒲爱德女士担任美国促进委员会的秘书，在美国与日本开战之前的两年时间里，她争取美国支持中国抗日，她在报纸上发表文章，组织地方性支持委员会，她在美国社会各界进行演说，奔走筹款，帮助中国工业在战火中重新站起来。“工合”运动美国促进委员会得到了罗斯福总统夫人安娜·埃莉诺和同样出生在山东蓬莱的美国报业大亨、《时代周刊》创始人亨利·卢斯先生等知名人士的声援。

在整个40年代，蒲爱德女士克服了无数艰难险阻，这包括来自中国和美国的物质和政治上的千难万险，她领导设在纽约的“工合”美国促进会给中国的“工合”寄来了图纸和机器，把熟练的技师和先进的机械送到西部边区的合作社去，这大大支持了抗日后方的生产和生活。在诸多为“工合”捐款的国家中，美国占第一位，筹款达350万美元，这与蒲爱德女士的卓越贡献是分不开的。在“工合”运动最困难的时期，蒲爱德女士大力支持路易·艾黎先生在陕西凤县创办“培黎工艺学校”，而这所学校正是中国早期的职业教育学校之一。

蒲爱德女士认同中国人民和中国文化，她反复说过自己既是美国人，又是中国人。她同情和爱戴中国人民，把中国人民的事业当成她自己的事业，并以能为此做贡献而感到光荣。她的一生都在为中国和美国两国人民的友好和合作服务。50年代“工合”国际委员会结束后，蒲爱德女士继续致力于中美友好活动，她毕生的精力都致力于中美友好事业。新中国成立后，她曾几番前来中国访问，受到宋庆龄先生、邓颖超先生等领导人的接待。

在翻译这本书的初期，译者惊讶于作为美国人的作者蒲爱德女士在书中所表达的对中国人民的强烈同情和真挚祝愿，以及对日本人占领北平的强盗逻辑及其侵略本质的揭露。这本书写普通人的纪实传记成形于20世纪30年代。卢沟桥事变后，东北、华北被蹂躏在日本侵略者的铁蹄之下，日本人正野心勃勃地要占领更多的中国土地，掠夺更多的资源，当时正是中国社会最黑暗的时刻，而蒲爱德女士借着书中宁老太太大外孙女淑德的声音，呐喊出**“这片土地必须由这片土地的人民来管理”，“一个新中国正在诞生”**。译者被这位美国作者所表达的那种坚定支持中国抗日的正义观念而感动。译者怀着一种好奇和尊敬的心情去了解蒲爱德女士的生平。

蒲爱德女士在中美文化交流方面也取得了很大成就。她翻译了老舍的《四世同堂》，英文版名 *THE YELLOW STORM*。她还翻译了《庚子西狩丛谈》，英文版名 *THE FLIGHT OF AN EMPRESS*，这本书讲述慈禧太后在八国联军攻入北京之际仓皇出逃西安的鲜为人知的一些细节。

胶东大地滋养了蒲爱德女士，她对这里的民间生活、风俗习惯，甚至胶东百姓常用的一些歇后语都非常熟悉，这些在《汉家女儿》的书中都有体现。《汉家女儿》是蒲爱德女士根据与一位移居北京的蓬莱劳动妇女——宁老太太的访谈写成的。

《汉家女儿》记述的宁老太太出生于1867年，宁老太太出生的时间刚好比译者早了一百年。她生活在晚清。那个时候，在蓬莱城因抽鸦片而导致妻离子散、家破人亡的惨状比比皆是。宁老太太年轻的时候正是被抽鸦片的丈夫毁掉了生活，才迫不得已离开自己的家去大户人家做女佣，她坚强地走出一条独立而又独特的人生之路。当然，宁老太太作为那个时代的一分子，其思想观念代表了那个时代的一批人，在他们身上迷信的色彩比较重，这在本书中也有所体现。

书中记录的年代是晚清至民国时期。在当今时代早已经绝迹的天花等传染病在那个时代还肆虐流行，几乎每一个孩子都要发“牛痘”，很容易在脸上留下麻子……为尊重英文原作的时代感，同时保留历史的印记和相关史料，还原生活在150多年前的人们日常生活和思维观念，书中如上文所述的尽管具有迷信色彩的内容也予以保留。其他如“芝罘”“满洲”等一些地名直接用了音译的形式，分别对应着今天的烟台和中国东北地区，指代地理坐标。这些内容只具有历史色彩而不代表政治立场，望读者明察。

目录

第二篇　做女佣的岁月

第三篇　家人（儿孙篇）

序言

一天，我和一位中国朋友聊天，这位朋友是一位年轻的贵妇，我向她了解中国家庭的一些关于生孩子、喜事和丧事的古老风俗习惯，她说她并不了解。她的父母住在一个通商口岸，她结婚前的大部分时间都在教会寄宿学校度过。但是她提到她丈夫一个手下人的母亲，这位女士年事虽高但精力充沛，没有什么事情做，很可能愿意来跟我讲一讲我要了解的事情。这位老太太大部分时间在集市上听说书人讲故事，除了那些风俗习惯，她还知道许多古老故事。我只有在吃早餐时才有空，所以我们安排在我吃早餐的时候，请老太太每周来三次。

老太太来了，持续了两年，每个星期她来我这里三次。她讲了许多故事，许多风俗习惯，为说清楚这些风俗习惯，她讲了更多的故事。最后，老太太的人生故事完全展现在我的面前。

我们逐渐成了朋友，因此，她过来不仅是要来讲故事，还因为我们很喜欢待在一起。春天的时候，老太太看着院子里盛开的花，就聊聊花；到了夏天，我的小狗患了肠绞痛，她陪我一起担心。有一年夏天，我们还养了蚕宝宝，因为我院子里有两棵桑树。但是这次冒险不算成功，无人有时间为这些蚕宝宝采摘足够的新鲜桑叶，它们营养不良，吐的丝也很一般。

刚开始的时候，我会劝老太太和我一起吃早餐，但是她总是说："我已经吃过早餐了。"她对这点颇为自傲。但是我很快发现，可以提供一个橘子、一个香蕉或者是一杯咖啡这样不算是早餐的茶点。她从来都是喝一杯咖啡或者是吃一个水果，不再多用。但是她抽烟比较随意，因此我把烟和烟灰缸放在她身边。

"我活够本了，我见过美丽的景色，也见过海中漂着尸体的惨状，那些尸体就像你往池子里扔面包时聚集过来的金鱼。我见过这个世界的大人物，还吃过为那些大人物准备的食物。我遭过罪，挨过饿，我遭受过眼睁睁地看着自己的孩子被卖掉的惨痛。我经历的这些都是极为过分的事情。"说完，她低下头看着自己的膝盖，她那张饱经风霜的方脸上粲然一笑，这一点说明了我们为什么会是朋友。她掀起自己农妇式的粗布蓝棉袄的衣角。"但是，我从来没有穿过好衣服，我总是穿这些农村人穿的衣服，早已经习惯了，改不了了。"

个体的命运寓于共同的命运之中。命运是由上天决定的，是由各自运行的星宿决定的。一个人只要活着，他的人生道路便会展露出来。

老太太活了一辈子，她的人生道路很清楚。她生儿育女，还含饴弄孙，现在她三代同堂，儿孙绕膝，她的人生任务已经完成了。

老太太生性幽默，看事物通透，她和身边的人分享这些天赋。但是或许上帝慷慨地赋予她这两份礼物，是为了弥补她在人生路上所获不多。她这一生的任务已经完成，但她的人生还没有结束。

日本人带来的麻烦一旦过去，这个世界还有美好的事物要享受。老太太儿孙满堂，她会为他们打算，给他们建议，同他们共享天伦之乐。她现在已经是个老太太，如果日本人没有来，她的人生应该不错。

我不愿意去想日本人对老太太做了什么。我于 1938 年离开北平，从那以后再也没有听到有关老太太的任何消息。在我离开北平的时候，日本人占领北平已经一年多了，日本人进驻北平初期，北平还是像过去那样安宁。日本人喜欢北平，他们想把北平据为己有。他们从来不在城里打仗，还一直维持秩序。

但是有比肉体毁灭更可怕的事情。对一个民族来说，压迫和控制比强奸、谋杀和少数人的鸦片瘾更可怕。在我离开北平的时候，这种压迫和控制已经开始了。这种压迫正在以这样的方式实现，以老太太直接的个人的判断方法和简单生活方式，直到这些压迫完成了，也不可能看出来，更不用说去评判它了。

每一家生意都逐渐被日本人控制。控制过程简单至极，日本人只需要告诉那些业主50%的股份属于他们的，另外日本人还征收各种罚款。日本人正在建立的垄断使中国人负担沉重，而他们却坐着汽车或人力车，住在城市中美丽的花园房舍里。教科书正在被重新“编辑”，这样城里的孩子们能够思考“正确的思想”。

北平很安宁，这里住着像老太太及其家人那样生活的人们。这些人将是最后一批感受到日本枷锁的人。这些枷锁会在他们不知不觉中将他们套牢，除非他们以及其他所有的人能及时得救，否则他们将没有灵魂自由地活着，充其量是行尸走肉，就像我在日本、朝鲜和满洲见过的那些人一样。最糟糕的是，饱受奴役和贫困不堪，这使老太太过着像乞丐般的日子却以为生活在天堂。愿这被侵略和被压迫的暗夜能及时过去，愿老太太能再多享受几年和平的日子，让她看到她的子孙们在人生的道路上坚定地出发且一切顺利。

蒲爱德

蓬莱

蓬莱坐落于山东半岛海边的岩丘上，海对面是满洲。山东半岛是朝着朝鲜半岛的方向延伸入黄海的。蓬莱的城墙随着向东、向西和向南延伸的石头山脊而蜿蜒起伏。城北是狭长的耕地和沙丘，再往北就是大海。海中有一些岛屿，这些岛屿耸立在大海中，就像一块块巨大的垫脚石通向对面辽东半岛的海岸。紧挨着城西，群山陡然耸立形成一个山顶，山顶上有一个烽火台。远古时代，从烽火台那里会升起黑色细直的狼烟。丹崖山的北面是陡峭的悬崖，悬崖顶上有一座蓬莱阁，它是为了纪念秦始皇（公元前221—前210年）来访求过这些岛屿而建的。秦始皇是中国古代一统天下的暴君、征服者、长城的建造者、追求长生不老之人。在露天平台上，伟大的诗人苏东坡的雕像一直在那里俯瞰悬崖下翻滚的海浪。苏东坡曾经任登州知州，在这里吟诗作对。苏东坡的诗句被刻在石碑上，这些石碑保存在蓬莱阁大殿墙壁上。苏东坡的雕像坐落在露天平台上，永远眺望着大海。

山下有一个小港湾，小港湾的周围有房屋，小港湾和房屋的外面有一道围墙，这就是水城。水城是大清帝国舰队停泊的港口，水城里驻扎了半军半民的水师。传说，五百名童男童女是从这里被派遣出去寻找长生不老的仙药，而结果皇帝未获长寿，反而缔造了日本国。还有一些传说：从悬崖上看到一只神秘的蛟，威武的秦始皇向蛟掷去长矛却毫无力道，皇帝知道时日无多了。

灰色城墙顶上的城门楼是三层而不是常见的两层，因为隋朝开国皇帝（公元 581—618 年）的叔叔年轻时曾在该地封王，三层城门楼骄傲地悬浮在这座具有荣耀感的城市之上。

在蓬莱主城和水城之间有一条护城河，护城河两边都有一条宽阔的大路，路面铺着雕凿过的石头。铁轮车轧在石路上咯咯作响，穿着布底鞋走路的人们轻轻踩着路面。几百年前，一位被围困在主城的将军，趁着夜色从敌人的头顶逃到了停泊在水城的船上。他从主城的城墙向对面水城的城墙射出一支箭，箭上拴着一根细绳子，细绳连着一根粗绳，粗绳拉着一捆布。将军和他的军队就从这座柔软的桥上逃出去了。

两千年的故事和各种传说附着在这灰色的城墙上。蓬莱城是一座有着伟大事迹的城市，但它更是那些为了建功立业到外地去发展的大人物的家园。人们出去做生意、打仗、做官，衣锦还乡添置家产，或者很风光地大葬在为自己准备的坟墓里。这些以及其他原因，足以令当地人感到自豪。蓬莱是一座骄傲而保守的城市。

不过，本书故事发生的时候，时间已经到了 19 世纪 60 年代，这座城市已经开始衰落。在那些依然健在的老人记忆中，原来有覆盖半个蓬莱城的森林，现在已经几乎完全消失，只在村庄和墓地周围还有几棵树。被夏季雨水肆意冲刷的土地上露出了光秃秃的石头，显示出倔强。贸易已经从这里转移，水城里的港口为中国帆船提供了遮风避雨和避免海盗劫掠的保护，但是港口的大小和深度完全不能够容纳汽轮船，因此，汽轮船停泊在蓬莱城往东 60 英里的新通商口岸——芝罘。

幸好，蓬莱城还有财富和感到荣耀的最后资源——这里培育并向外输送了商人、学者、官员。作为登州府的府治所在地，文武举考试都在蓬莱考试院和训练场举行。每隔一年，考场内一排排小屋里挤满了志向远大的年轻学子，他们每个人都希望写出一篇金榜题名的好文章，能让他踏上官员晋升的通途。大清帝国虽然正在崩溃，但对于外界和本国人而言，它仍然十分强大。同治皇帝在位，在清王朝灭亡之前，后面还有两个皇帝，差不多还持续了半个世纪的时间。许多年轻学者仍然从这座衰败的古城走出来，在帝国的其他地方成名致富。几乎家家户户都有儿子去满洲发财，因为他们骨子里有经商的基因，而家乡贫瘠的岩石是光秃秃的。他们穿行于岛屿之间，如果天气好，一艘好帆船可以在两三天内到达满洲。这些漂泊者在新年的时候回到家乡，把他们赚的钱交给家人。如果做生意失败了，广袤的新土地会把他们吞噬，从此杳无音讯。对于大多数家庭来说，都是过去的荣耀多，现在的繁荣少。

同治七年，即公元 1868 年，在通往水城和大海的城北门内，有一个很大的菜园，菜园附近住着一户姓徐的人家，他们曾经很富有，但是现在变穷了。他们的房子坐落在一条小巷上，这条小巷通向城里南北走向的主大街，房子的北墙外有一条横穿城市的沙河，一年中的大部分时间，这条河只有涓涓细流，人们可以踩着河中的石头过河，而在夏天雨季的时候，河水会涨成汹涌的洪流。在环绕的围墙中有一扇黑漆大门，大门两扇开，进了大门是院子，穿过院子，是一栋长型低矮的五间房，这是住宅。该房子同中国所有的房屋一样，坐北朝南，以便冬天可以吸收阳光，有益健康。五间房的正中一间房开了个门，这间房子集大厅、厨房和神案三者为一体。平常日子，这里是大厅，在祭祀的日子，门正对面的北墙上会挂上要祭拜的神仙画像，可能是天地神明。过年的时候，祖先的牌位会放在靠北墙的桌子上。门内靠着东西两墙各有一个用砖石砌成的锅台，每个锅台上放着一口敞口大锅用来做饭，锅的直径一般是两三尺。平常日子，家里所有的烹饪都是在其中的一口锅里进行。在东面的锅台上方，贴着灶神像。

大厅东面的房间是父母所住，也是全家人活动的场所。在宽阔的窗户下，向南沿着三面墙都是炕。炕是用砖坯砌成的，大约有两尺半（约 80 厘米）高，炕洞里有迷宫式的烟道，厨房的锅灶产生的烟，顺着烟道，从屋子东头的烟囱里冒出去。冬天的夜晚，一家人会坐在炕上取暖，妇女们白天也是坐在炕上干活、取暖。炕上铺着精心编织的炕席，炕席是用高粱秆制成的条子编成的。明亮的阳光透过格子窗的窗户纸落在炕上，会形成图案。

炕的两头是低矮的木柜，通常叫“被裹子”，上面放着仔细叠好的被子。在炕的中间有一张矮炕桌，一家人可以围绕炕桌坐着干活或是吃饭，晚上要把炕桌搬走。房间里靠着东墙的是一个有抽屉的小柜，靠着北墙的是一个大柜。这些家具都上着暗红漆，柜门的合页和抽屉的把手都是用黄铜做的，形状像圆盘。这些柜子里放着一家人的衣服，用蓝色的包袱包着。所有能穿的衣服都折叠平整存放。小柜的上方是一面镜子，镜子两侧各有一个花瓶，花瓶里有摆放整齐的人造花。在这两个花瓶里，还会塞满捻条，用来点水烟袋的，这些水烟袋竖立在小柜上，父母吸烟用，客人来访也会奉烟。越过小柜，东墙上有一个小门，这个门的里面是里间，这里一般是家里的大女儿和老祖母居住的地方。这间房子与父母住的房子大小相同，但其中一部分用作了储藏室。炕的一半放着各种箱子和一捆捆的物品，勉强留个地方放两个草垫子用来睡觉，地上放着几个大陶缸，缸里面装着油、面粉和谷物。墙上和房梁上挂着各种各样的东西，一辫一辫的洋葱，一袋一袋的香料，一捆一捆的烟叶，一包一包的棉花，实际上每一种东西都是家里会用上的。

大厅的西边还有两间房。天气暖和的时候，儿子就睡在第一个房间里。冬日里，除非有理由要烧另一个锅灶，否则儿子就睡在父母的炕上。再往西的那个房间存放着供全家用的柴火，大篮子里装满了松果，还有一堆松枝。这家人虽然很穷，但还没有穷到要和外人共住一个院子，他们有多余的房间。

院子不大，但足够用来铺上垫子晾晒洗好的衣服。院子里还放着水缸和咸菜缸，每天都有一个挑水的人从菜园的井里往缸里挑水。废水被倒进一条排水沟，排水沟穿墙而过通到街上。厕所在院子的西南角，每天会有一个捡破烂的人来清理厕所，这个人花钱买了收粪便的特权，他把粪便卖给了城外堆肥的场主。院子里还有一个猪圈，养了一头猪。猪圈和厕所之间隔着一堵墙。

徐家的母亲栽种过一株蔓藤，藤蔓沿着照壁长，照壁建在大门里面，离大门很近，以保证路过的人看不到院子里面，这样大门就可以开着，照壁还可以挡住那些仅会直行的小鬼进入。夏天的时候，院子里还有许多盆花。

这户人家有三个孩子。本书是关于这家最小的孩子也就是二女儿的故事。

蒲爱德

第一篇

家人

（父母和子女篇）

1

童年（1867—1870）

我爹叫我小虎子，我是我娘最小的孩子。娘叫我什么名字，现在活着的人没有人知道了。我的姐姐和哥哥叫我妹妹，邻居们叫我小五子，因为我是我娘生的第五个孩子。我出生前的两个孩子都没有活下来。

我出生的时候，我们家自己住在一个院子里。我们住在菜园附近，这个菜园是我们家族的，属于我爹和我叔爷爷共同拥有。菜园里种着卷心菜、萝卜、洋葱、大蒜、韭菜和细香葱等。

这个菜园曾经是观音堂庙产的一部分。十代

人之前，一位道士从离蓬莱城三十里地外的徐家集附近的蔚阳山下来，后来他成了观音堂的住持，他就是我们的祖先。他是一个方脸、性子倔强的人。我的爷爷有着同样的方脸。我也有这么一张方脸，这就是我爹叫我小虎子的原因，他说过，我的性子很倔强。

我们家曾经过得很好。我们有祖先留给我们的土地，我爷爷和太爷爷都曾在戚继光将军家做事，给他看管产业。我娘嫁过来的时候，我们家在蓬莱城周王庙附近还拥有园子、房子以及旁边的一些小房子，家里有佣人，不愁吃喝。

我爹是独生子，被他的爹惯坏了。我爹在七八岁的时候，爹娘去世了。我爹是由他的叔叔抚养长大的。这个叔叔是我爷爷的弟弟。我的叔爷爷让自己的四个儿子在园子里干活，却把我爹送去读书。我叔爷爷说他这样做才对得起死去的哥哥。我爹大概上了八年的私塾，他在学业上一事无成。我爹长大以后，叔爷爷又把他送到店铺里学做生意。

“花钱如流水”，邻居们都这样说。因为邻居们看到我爹和他的堂兄弟们过着吃喝玩乐顶好的日子。我爹曾经花钱雇了一个戏子教他唱戏。这个教戏的老师吃住都在家里，还要付给他高昂的学费，这个人还抽鸦片。我们的家产于是逐年减少，一年不如一年了。我太爷爷去世的时候，把家产分给了我爹和我的叔爷爷。

我爹试过去园子里干活，但是他既没有力气也没有手艺，自己还觉得丢脸。他把园子卖给了他的姨姥姥，还了债，然后去芝罘卖吃食。父亲知道如何做吃食，他提着装满吃食的篮子沿街叫卖。这是我出生的那一年，从我在娘胎的那一刻起，我们家的家境就越来越不济。老天爷给我安排的命运实在不济。

邻居们说，我娘不会持家过日子，她不会省吃俭用、设法让日子过得好一些。在过年的时候，家家户户要用做饭的大铁锅蒸饽饽，如果锅盖掀起的时候，锅里的饽饽瘪瘪了，就要把这些没有发起来的饽饽扔进火里。有时候，我娘要扔三四次，才能蒸出一锅饱满的、圆圆的大饽饽。这是邻居讲的，我娘过去常常会这样。我从来没有看到，因为在我长大的过程中，我们家已经没有什么可以丢的了。

我娘没有过上她小时候过的日子。坐月子的妇女至少要吃五百个鸡蛋，但生我的时候，娘只吃了八个鸡蛋。我姥爷在世的时候，是沿街卖油的，我也曾经敲打着一个小铜锣在街上卖货，这些小生意是能够充裕地养活一家人的。我娘有一张圆脸，对人很和气。她是被她的父母从小娇生惯养、用心呵护长大的，这样一个住在高墙宅院里的人怎么能懂得如何过穷日子呢？

俗话说：猫来穷，狗来富，燕子不进苦寒门。我们家的院子里原来有一只燕子，后来它跟着野燕子群飞走了。

我快一岁的时候，我爹才第一次看到我。那时他是为了回来过年，又和我们住在一起。当时我们住在蓬莱城东南营子附近，我爹卖掉园子后我们就搬到这个房子了。整个冬天，我爹都在卖年糕，就是一种用黄糯米做成的糕。他可以担着两三百斤重的糕，但他不愿大声吆喝告诉人们他要卖年糕。因此，我爹就和一个邻居搭伴，父亲自己和面，自己蒸糕。他俩走上街头时，由邻居大声叫卖，两个人都挑着筐。我爹是个好厨师，他教过我怎么做饭。

我爹在街上卖了一两年的糕，后来，我叔叔在一家杂货铺给我爹谋了个差事，我爹可以站在柜台后卖货了。这家店的老板姓曲，我爹还去曲家的菜园帮忙，他还要为店铺和菜园采货，帮助收存菜园里的菜，旱季的时候给菜园浇水。我爹一部分时间在杂货铺里，一部分时间在园子里。

曲家住的大房子在北大街，他们家在常信庙附近还有一栋房子，这座庙供奉的是保护小孩的娘娘，娘娘能管住咬小孩和把小孩叼走的天狗。

曲家的长子，曲大少爷参加过武举，是个武秀才。他的弓箭功夫很好，曲家和我们家世代交好。

曲大少爷曾经说，五百年一个轮回，人们会投胎到相同的人身上，然后又见面了。

虽然家里的日子一年不如一年，但是我们家的生活还不错。我娘对我们很好，她为我们做好吃的东西，她爱我们。

我爹很严厉，但是他很顾家。他教我们各种礼数，还教我们什么是女人该做的，什么是女人不该做的。

晚上吃完饭后，我们全家会围坐在一起聊天。有时候叔爷爷会过来和我们一起打发一个晚上。冬天的时候，娘、姐姐和我坐在炕上做针线活，男人们抽烟聊天；夏天的时候，我们坐在院子里。

我爹给我们讲了许多故事，讲关于我们祖先的故事，讲关于蓬莱城的故事，也对我们讲应该如何做人。他跟我们讲过酒、色、财、气是四大恶。他说即使上火不伤身，至少也会有所失。他给我们讲明朝邪恶的太监魏忠贤想当皇帝的故事。魏忠贤是我们本地人，当最后他被京城里的人分尸时，蓬莱城的人对他也很生气，他们拆毁了他的家，甚至挖出地基，挖了三十尺深，魏家的房子被连根拔起。因此直到今天，公爷庙附近还有一个很深的坑。公爷庙是魏忠贤为自己建的生祠。那个坑可能还没有被填平，对于人们来说那个坑一直都是一种警示，教育人们做坏事的下场就是这样。

我爹跟我们讲了许多与蓬莱城有关的名人。蓬莱城是由隋朝的老杨林创建的，他是隋朝开国皇帝的弟弟，也是那位扩建大运河的隋炀帝的叔叔，人们传说是杨林修建的蓬莱城。杨林建蓬莱城是为了他能乘着画舫出游，他还为皇家船队建造了水城。

我们蓬莱城出过四位大将军。皇帝下诏准许戚继光将军修建一座石牌坊，牌坊是一种有纪念意义的拱门，这个牌坊至今还矗在那里，蓬莱城的这个区域被称为戚家牌楼。还有宋庆将军，宋庆将军的命运与我们家的命运多有交集。在宋庆之前，还有一个童姓大家族。

童家是这样发家的。童家原本是书香门第，不过没有功名在身。有一天，童家的老太爷去书房，他看到有个人蹲伏在墙角，老太爷认出这个人是个风水师。风水师可以占卜房子什么样的布局合适，可以为人家找墓穴，让子孙后代兴旺发达。这个风水师是童家的邻居，这可不是一个普通的小偷。风水师还不习惯偷窃，结果第一次出手就被抓了个正着，他是来偷童家祖先牌位前的食物祭品的。风水师蹲伏在角落里，只见童老先生来回踱步，他无法逃脱。天逐渐晚了，童老先生还在书房里来回踱步，这个时候，童家的孙子来告诉爷爷饭已经准备好了。

“去，”童老先生对孩子说，“准备些肉、鱼、菜，再烫一些酒，把这些带到我这里来，拿两个酒杯和两双筷子，今晚我有朋友和我一起吃饭。”孩子去了。儿子按照童老先生的吩咐毫无疑问地去准备。那个时代还是孩子们听父母话的时代。

食物端上来摆好后，童老先生对儿子说：“现在你可以走了，我自己来伺候，明早来收拾盘子吧。”儿子走后，老先生转身对着风水师蹲着的角落说：“晚饭准备好了，很抱歉我让客人久等了。”风水师非常羞愧地走了出来，头都抬不起来。童老先生保全了风水师的面子，风水师也只好就坡下驴，也说了一些保全双方面子的话。

“我在找我落下的东西，然后就睡着了。我抱歉在你家待了这么久。”

童老先生让风水师坐在上座，亲自为他倒酒夹菜。吃饱饭后，风水师要走的时候，童老先生说：“把你的袋子给我。”所有的小偷都会有一个袋子，用来装他们偷的东西。风水师羞愧地拿出了袋子，童老先生把馒头和剩下的肉装满了袋子，还给了他一些钱。

这位风水师是因为穷得没有办法才去偷吃的东西，在童家发生的事情似乎打破了他的霉运，他的命运开始好转了，远近的人们都来请他帮着看墓穴，盖房子的找他看方位。人们根据他说的做了以后还都灵验。风水师开始富起来了，他想方设法报答童老先生，但都被拒绝了。

“你什么都不欠我的。”童老先生说。

最后这位风水师说：“起码让我为你选个墓穴吧，这地方会让你的子孙后代兴旺。”童老先生同意了这个。

风水师找了一个这样的地方，他说这地方可以让童家九代为官。“但是，”他告诉童老先生说，“当你下葬时，必须如此这般，在这个方位，你一定告诉你的儿子不要挖得太深。墓穴只能挖两尺半深。棺材会离地两寸，但必须这样做才能与地下的地脉相通。”

童老先生临终前把风水师对自己讲的话都告诉了儿子。老先生的儿子也准备按照这些指示去做，他的母亲早几年先去世了，临时埋葬在一个地方，最后是要与丈夫同穴安葬的。

蓬莱过去的时候，是允许家里的女儿送过世的父母到墓地的。当棺材被放进墓穴时，女儿看到棺材顶露出地面，她非常生气。

“我们这不是把父母放在地上了吗？”——穷人的坟墓往往埋得很浅，结果雨水会冲走泥土，露出棺材，“难道我们不能孝敬父母，把他们深埋在地里吗？”她大吵大闹，不听任何解释。她的兄弟最后只能让步，叫人把墓穴挖得深一点。他们继续挖，一直挖到硬石头了。

“再挖深一点。”她命令道。于是，他们在这块硬石头上又刨又铲挖啊挖啊。突然，一声巨响，飞沙走石。这时候他们知道已经挖到了地脉，地气正在逃逸。他们快速地把石头放回原处，并设法保住了一块红土，其他八块已经飞走了，所以童家后来只出了一个官。这个官死后，皇帝恩准他的墓地上使用石人、石马，在城东门外的小山上还可以看到这些。

这件事发生的时候，风水师离开蓬莱去了满洲，他一回来就听说了这个故事，他还去墓地看了看，他摇了摇头：“我为你们家尽了最大的努力，现在一切都白费了。”不过这家还是出了一个官。

从那时候起，至少在蓬莱地区，妇女便不允许随同送葬的车队前往墓地。

在蓬莱所有的名人中，最出名的是宋朝诗人苏东坡，苏东坡曾经出任登州知州，登州的州衙门坐落于蓬莱城。当时苏东坡政务并不繁重，因此他经常化装成平民在城里的街道上闲逛。一天，是一个赶集的日子，苏东坡沿着城里的北大街走着，他看到一个乡下人，这个乡下人的肩膀上挂着一个斗和一个酒壶，斗在后，酒壶在前。苏东坡上去抓住那人的胳膊说："你是八仙中的一个，告诉我，怎样才能成仙？"

那人回答说："我不是仙人。"

但是苏东坡坚持说："你身上有你的名字。你带的两个容器的嘴组成了你的姓，双口吕，你是吕洞宾。"

那人仍然坚持否认，但是在苏东坡的逼迫下，最后他说："我不是仙人，如果你走出城，在城北门外的大理石桥旁等着，会有八个瞎眼乞丐经过那里，他们是八仙，你向他们乞求长生不老吧。"

苏东坡去了城北门外的大理石桥那里，八个瞎眼乞丐过来了。苏东坡要求加入他们，八个瞎眼乞丐没有理睬他，而是往城西山上的蓬莱阁去了。这八个人来到海边悬崖上寺庙里的客房，又来到了避风亭，他们坐下来又吃又喝。苏东坡亲自伺候他们，为他们准备了一顿盛宴。然后他们一个接一个地站起来，走向亭子开阔的一面，跨过了低矮的防护墙。苏东坡上前抓住了最后一个乞丐："我要跟你们一起走。"

"你做不到。"

"我跟你们一起去任何地方。我要放下一切，跟你们走。"

"那么，跟我们一起跳吧。"

苏东坡低头看着在三百英尺下拍打崖石的海浪，不敢跳了。他看见八个瞎眼乞丐每一个都坐在一个莲花宝座上，还有第九个莲花宝座空着。但当苏东坡要跳的时候，他发现自己跳不动了，怎么使劲都跳不起来。最后神仙们向他挥挥手让他回去，一切都太晚了。苏东坡看着八仙越来越远，直到他们消失在地平线上。

从那时起，苏东坡就拒绝离开蓬莱阁，他住在那里，直到去世，一直在等长生不老的神仙们再次来接他。蓬莱人把苏东坡的雕像放在了避风亭里。在那里，苏东坡一直向北眺望八仙消失的那片大海。

2

成长（1870—1881）

在我三岁或者四岁的时候，我们搬到了周王庙附近，靠近我爹干活的园子。我们住的是坐北向南的三间正房。我们的邻居住两间东厢房。这是我们第一次和别人合住在一个院子里。房子是茅草屋顶，以前我们住的房子都是砖瓦屋顶。

从我们家去园子很方便，我爹部分时间在园子里忙活。在我们家的街对面有一个露天舞台，我娘和婶子看戏也很方便。我爹规矩很严，不允许她们出去看戏。我娘和婶子会搬来凳子，站在凳子上，她们这样就可以从高高的北窗看到外面了。

我是一个难管的孩子，我太喜欢玩了。我跟哥哥、姐姐以及邻居家的孩子们一起玩。我们有时在街上玩，有时也在隔壁的园子里玩。

我爬过树，还用辘轳绳把自己吊到水井里。我会把脚趾对准砖缝伸进去。我娘不知道我干过这些，如果她知道，她肯定会被吓个半死。没有什么是我不敢做的，我是最小的孩子，爹娘都疼我。

因为我太爱跑着玩了，直到七岁，爹娘才开始给我裹脚。脚被包起来以后，我就病得很厉害，爹娘又不得不把我脚上的裹脚布拆开。我生了“痘”，病了两年，脸上留下了麻子。在我小时候，每个人都会得这种病，几乎没有人脸上不留下麻子。

我九岁的时候，爹娘又开始给我裹脚了，他们不得不把裹脚布抻得比平常更紧，我的脚疼得很厉害，有两年的时间，我不得不用手和膝盖爬行。有时候晚上脚疼得睡不着觉，我会把脚伸在娘的身下，她躺在我脚上，这样脚疼得会轻一些，我才能睡觉。到我十一岁的时候，我的脚就不疼了，到十三岁时，脚就裹好了。脚趾翻转向下，这样我可以在脚的内侧和下方看到脚趾，脚趾向后弯转，前脚掌和后脚跟之间有两个手指头宽，我的脚确实很小。

三间房平面图：

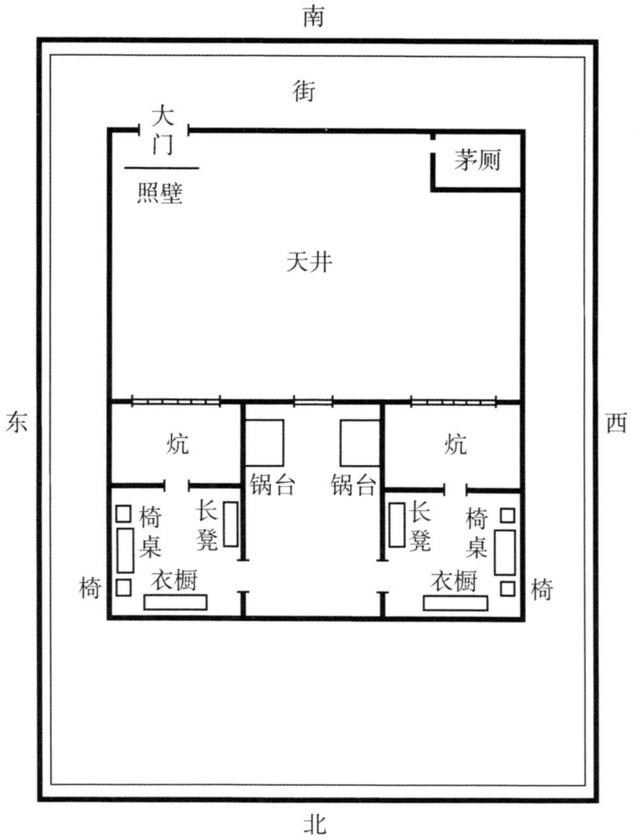

一个姑娘是否漂亮、是否宜家，不在于她的脸蛋，而更多在于她脚的大小。媒人不会被问："她好看吗？"但是会被问："她的脚多小？"一张普通的脸是老天给的，但脚裹得不好是懒惰的表现。

我的脚确实很小，不像它们现在这样。后来我辛苦劳作，一整天都站着，因为脚疼得太厉害了，我睡觉的时候会把裹脚布松开，这样，脚就逐渐张开了。

我十一岁的时候，我们搬进了在园子一角的一栋房子。房子和园子之间隔着一道矮墙。我是个非常淘气的孩子。当我淘气，娘要揍我的时候，我便跑着跳过墙，娘就逮不着我。

一天，我和邻居家的小闺女想出去玩，娘说要把玉米磨完了我们才能去玩，邻居家的孩子说她可以帮我干，这样我们很快就会干完。我们推着磨，跑了一圈又一圈，但是要磨完这么多的玉米是要花时间的，我们不耐烦了，在她推磨的时候，我捧着玉米，一捧埋在磨坊里的废料下面，一捧埋在这边的一些土下面，一捧又埋在那边的一些驴粪下面，然后我们告诉我娘干完了，娘过来看看粮斗是空的，但是那些鸡不给我们面子，它们在这里抓抓，露出来一堆玉米，在那里刨刨，又出现了一堆。娘就责骂我们："你们这些调皮捣蛋的孩子。"她开始追我们，要打我，但我俩跑了，我们跳过墙头，爬到花园里的一棵梨树上。这时候树上已经有好几个孩子，娘来到树下叫我下来，但我不下来。

"要不是有别的小孩在树上，我一定会把你从树上摇下来打死你。"

我胆子很大。我爬遍了园子里所有的树。我们还曾经玩过跳开口井的游戏，如果失误，我们会掉进井里淹死的。我们还很喜欢荡秋千，过年的时候特别流行荡秋千。一年过年的时候，我跟娘说要出去荡秋千，娘告诉我等一等，吃了饭再去。我很不耐烦。

“那么，”我娘说，“我还得叫你，你会忘了回来。”

但是，我还是出去和其他的孩子一起玩了。轮到我站在秋千上，用力荡起秋千，同时另一个小闺女坐在秋千踏板上。其他几个等候的孩子认为我们玩得太久了，想把我们拉下来。我们还在向上荡的时候，秋千的踏板翻了，我们摔了下来。我是脸朝地，额头上肿了一个大包。那闺女是后脑勺着地。于是我回家了，娘说：“真是新鲜事，还没叫你，你就回家了。”

我用手挡住了额头，娘没有看到肿的大包。我在炕上躺下睡觉了。全家人都在家，他们吃了过年的饺子。一个堂兄来看我们，我爹也在家里。当我睡醒的时候，他们已经吃完了。我头痛，肚子又饿。我哭着说：“娘，娘，看看我的头。”娘过来用手摸摸我的头，一边摸一边说：“我现在明白为什么不用叫你就回家了。”

第一次看到洋人的时候，我还很小，可能是六七岁吧，我竟然被吓得倒在地上，我用两只胳膊蒙着脸，蹲在那里，直到有人告诉我洋人走了我才敢抬头看。那个洋人个头很高，留着胡子，声音响亮，他名叫丁斯特，人们称他为牧师。洋人的长相很奇怪，还穿着天底下看起来啥都不像的衣服。但我想最让我害怕的是洋人的眼睛，深深地凹陷在脸上。

丁斯特的太太过去常常挨家挨户地找妇女串门。如果我爹听说她来过我们家，总是非常生气并骂我娘。娘很和气，喜欢和这位洋女人说话。这位洋女人办了一所女子学校，她鼓动我娘送我去上学。但我娘知道，这事儿连想都不用想，我爹对这个主意非常生气，根本不会听。如果我能上学，我的生活将会有多么不同呀，我可能是这个世界上的另外某个人了。

在我大约十一岁的时候，一户姓李的人家搬进隔壁的房子，名妓胡珠曾经在那里住。

一天，三个士兵进来了，这是常有的事儿，他们发现老李在院子里砍柴。

“你们来干什么?”老李问士兵们。

“我们来串门呀!”士兵们说，他们从老李身边挤进屋里。老李年纪大了，拦不住他们。他大声喊叫，提醒他的家人。士兵们也大声喊叫着要找女人。

李家的闺女李福子已经十五岁了，她听到吵嚷声便爬上墙头跳进我家的院子，她就这样逃走了，躲进了教堂。第一批外国传教士来到蓬莱时，蓬莱人不愿意出售或出租房屋给他们。因此，地方父老们把观音堂大院给洋人用。我的祖先曾经在观音堂做过主持。道士离开后，这里大部分的房子都倒塌了。传教士在这个几代以前还属于我们家族的园子里安家，将观音堂剩下的房屋修缮改成女校和男校，他们还建了教堂，因此，这个教堂后来被称为观音堂。李福子的娘是丁斯特太太的保姆，李福子在女子学校读书。

男校的学生听到这个消息后来到李家，揍了那三名士兵一顿，并拽着他们的辫子，把他们拖到了观音堂。这个地方男校的学生总是会保护女校的学生，因为他们跟着同一个老师学习，他们是师兄妹，在同一个教会社团。影响着家庭关系的风俗习惯对那些在同一个师门学习，且属于同一个社团的人也有很大的影响力。

两名士兵逃走了，但是学生们把另一名士兵用他的辫子绑在一棵树上。后来成为总统的袁世凯是这三名士兵的长官。那个时候，袁世凯的级别还不太高，他来找丁斯特博士，来要回那名被学生扣押的士兵。因为丁斯特是这个家庭的大家长，他负责教会学校。根据习俗，袁世凯也想要丁斯特博士当和事佬，说和说和这件事。

袁世凯的士兵们用木板把那个士兵抬回了军营，但他恼羞成怒，死于大肠热，因此事情闹大了，军营的士兵都要替死去的士兵出这口恶气。

一二百名士兵在星期天来到教堂，他们把教堂包围起来。女生们设法从侧门溜走了。士兵们四处寻找老李，但是没有找到他。士兵们开始挨家挨户搜查。那时正是黄昏时分，我娘正在院子里腌咸菜，盐不够用，她去高家借点盐。我正在家里，从大门口往外看，我看到这些士兵。我刚十一岁，他们没有骚扰我，但是我怕得要死。我坐在门口向外头看，河道里挤满了人，那时是秋天，河水很浅，河道上全是那些穿着黑色制服的士兵，看不到河道里白色的沙子。

士兵们在老李家里发现了他，把他痛打了一顿，还抢走他的皮衣。老李开始跑，越过院墙跳进我家的院子，他的耳朵还在流血。他逃进了老严的家，又越过墙头逃到老孙家，乞求有人能救他的命。他一边逃跑一边喊："救命，救命！"士兵们带着刀和棍子在后面追他。

老李的妻子四处跑着求人当和事佬，士兵们打她的头，直到把她打昏了才住手。老孙平日里种菜，他还做草鞋卖，赌博赚钱，是一个有能力的人，他试图调解。他伸出双臂尝试阻止士兵，但士兵们也打了他，虽然他与这场纠纷无关。最终老李逃到了观音堂，丁斯特博士出面，最终才摆平了此事。

这件事情以后，士兵们经常来教堂做礼拜。

袁世凯和我叔叔成了好朋友，我看见他们经常在一起聊天。

我最后一次被娘打是在十三岁的时候，这次挨打主要怪我姐姐。她没安好心，把我锁在屋里，这样，我挨打的时候就没法跑了。事情的经过是这样的：我舅舅来看我们，要带我们姐妹俩人中的一个去他家住几天。姐姐想去，我也想去。我说："你不能不带着我自己去。"她说她要自己去。我说如果我去不了，她也别想去。我抓住了她的外套不让她走。娘告诉我要听话，并要用鞭子打我。我跳过墙头跑了。这时，姐姐过来哄我，她说我娘不生气了，要我回家。我回家了，我姐姐却跟在我身后关上了房门，还在门外把门上的锁链扣在门楣上的铁环上。我被娘抓住了，这回跑不了了。娘打我，打断了扫帚，打坏了凳子，我尖声哭叫着："我以后再也不敢了。"我娘说："你越说你以后不敢了，我越打你。"

于是我改口说："我还敢，我还敢。"

娘问我为什么这么说。我说："我说我敢，你打我；我说我不敢，你也打我。"

这是一顿狠揍。被娘打完以后，我躺在炕上全身都疼。爹回家后，看到我躺在炕上，他问起怎么回事。娘说："她逃不了。她姐姐把门锁上了，所以我才能打她。"

娘打了我她也很难过，娘是疼我的。从那以后，我再也不用挨打了，因为我知道娘疼我，我开始有了大人的理性。那次打得非常狠！

我姐姐结婚以后，我睡在爹娘的房间。因为我爹每隔一个月才在家里过夜。爹头一个月在他干活的店铺里睡，下个月回家睡。这是因为店里人手很多，不能全部都睡在那里。

但是，每当我姐姐回娘家的时候，我们俩就一起睡在原来的房间。

一天晚上，我们正在房间里准备睡觉，我听到有石头掉下来的声音，好像是从墙头上被推下来的。我竖着耳朵听着，听到地上的雪嘎吱、嘎吱地响，有人正小心翼翼地在雪地上走。这时我对姐姐说："看，窗户上有一个洞。"

姐姐说："你今天重新糊窗户了吗？你确定原来没有洞吗？"

我说："我刚糊好窗户，肯定没有洞，那是有人用湿手指尖戳出来的。"

"把你的手指伸进去，"姐姐说，"我肯定你除了凉气外，不会发现别的。"

娘听到我们在说话，说："你们两个为什么说话？怎么不睡觉？"

等我爹穿上衣服点上提灯，小偷当然早就溜了。在蓬莱，小偷很常见，那时候没有警察，街上也没有电灯。

我十三岁的时候，爹娘不再像过去那样剃掉我头顶周围的头发，仅仅留下头顶的部分长发，我不再是个小丫头了，我的头发允许留长，在脑后编成辫子。辫子上部分编得宽松，像扇子般展开，下部分挽成发髻固定在颈背处，像一只大蝴蝶。现在的姑娘们不再梳那样的发型了。我们还要留一部分头发编成小辫垂在背后，当小辫被编进大辫子里的时候，我就成了大姑娘，就不允许出大门了。所以我们有一句谚语："满发女孩不如光头女孩自由。"这里说"光头"，是指一部分头发被剃光。我在十三岁的年纪，开始学做饭和针线活。

我爹家教很严。我和姐姐十三岁以后都不准再上街。在那个年代，蓬莱人都是这样。当一个姑娘被介绍给一户人家做儿媳妇时，这家人想更多地了解这个姑娘，要去打听她是个什么样的姑娘，邻居们会说："我们不知道。我们从未见过她。"这样的回答就是夸奖人了。

长大以后，我们就不准高嗓门说话。当有人敲大门的时候，无论我们在谈论什么，都必须停下来。如果有生人走进院子，我们必须躲在里间。我爹回家时，即使我们在说说笑笑，一听到大门被打开，门闩落回到门闩座的声音传来，我们就立即不吭声了。我们低头站着，双手下垂放在身体两侧，一直站到爹坐到炕上。然后，我们给他脱鞋，再给他点上烟斗，甚至我哥哥都不敢跟我爹说话。

爹对我和姐姐的穿衣打扮要求非常严格。他只想让我们穿朴素正派的衣裳，从不允许我们穿时髦的衣裳。我们戴的帽子叫勒帽，是一条围过额头的黑色缎带，缎带上缝有银或玉石饰品。我们的头发挽成发髻，用一根粗绳子在发髻下穿过把缎带固定好。那个时候，每个女人都不再戴绳子而是戴着一条小银链。银链的末端落在左肩下，当人走路的时候，银链上的小铃铛叮当、叮当作响。我和姐姐都非常想戴这种银链子。姐姐对我说："咱们俩把铜钱凑在一起买一条银链吧，你出去的时候你戴，我出去的时候我戴。"

爹听到了我俩的谈话，打了我们一顿。后来我俩都结婚了，我们俩一直没有得到自己想要的银链。

当时还流行在两边太阳穴上贴上黑色的头痛贴。一天，我姐姐这样打扮着回娘家了。爹非常生气。他问姐姐：你这样打扮自己，是不是想做婊子。

我姐姐十五岁的时候结婚，我也是十五岁的时候嫁人，我姐姐结婚时我八岁。

我姐姐的婚事被认为是门当户对。她丈夫只比她大三四岁，自己有买卖，他是个剃头匠。姐姐的公公仍然还算年轻，还可以干活。但是我姐姐还是个孩子，举止和心理都带着孩子气。她还不习惯做家务，不知道如何和面蒸馒头或者是和面烀饼子。她调面时的面糊不是很稠就是很稀，所以她婆婆总会骂她。她没有经验，也不会安排好一日三餐。这一顿饭做得太多，下一顿又做得不够吃，这又让她的婆婆很生气，她又骂我姐姐。虽然我姐姐没有学会干活，但是她学会了抽烟。这也让她婆婆很生气。婆婆说我姐姐不好好干活，只会享受。所以我姐姐的日子就苦啦。

姐姐的婆婆禁止她抽烟，她拿起姐姐的烟管把它折成好几段。姐姐用芦苇秆给自己做了一根烟管，趁着周围没有人的时候她会拿出来抽。一天，她婆婆突然走进屋里，当时姐姐坐在炕上，姐姐赶紧把烟管藏在衣服下，还在燃烧的烟火点着了炕垫子下的麦秸，她婆婆揍了她一顿。姐姐的丈夫回家的时候，婆婆告诉他这件事，他也把我姐姐打了一顿。她们婆媳之间发生了一场激烈的争吵，姐姐的婆婆用许多难听的话辱骂她，骂得可难听了。

她说："在磨道里，不就能找到驴毛吗？"她这是骂我姐姐是头驴。她还说我姐姐没有一点当媳妇该有的样子，什么事都干不好。姐姐的婆婆离家去找她的丈夫，说等她回来时，让我姐姐看看什么是真正的发火，我姐姐都快气疯了。

蓬莱有一个风俗习惯，傍晚时分，女人们会站在自家的大门口看来来往往的人。那天傍晚，我姐姐走到大门口没有像往常那样停下来，而是走出大门，向南走了。她走着走着，一直走到城南门，还走出了城南门，她继续走了三里地来到了城南的三里桥村。

三里桥村全村人都出来看这个疯女人。人们是听到哭声才出来看这个疯女人的。我们住在城北门附近，但是我们有一个小姨住在城南门外的三里桥村，她也是出来看疯女人的。她说："这不是英子嘛，我姐姐的闺女嘛。跟我来。"她便带着我姐姐跟她一起回家了。

那天晚上，我哥哥去我姐姐的婆婆家接我姐姐，要带她回我们家住几天。哥哥到了姐姐的婆婆家时，姐姐已经走了，他们家没有人知道姐姐去哪里了。整整一个晚上，我哥哥都在找我姐姐，我姐姐的丈夫和公公也在找她，但是找不到。第二天，我小姨叫她儿子来告诉我们姐姐在她那儿，于是我们派人接姐姐回家了。但是姐姐的婆婆到处嚷嚷说我们把姐姐藏起来了，还说她那天离家出走是去干见不得人的事儿，于是姐姐和我们在一起住了半年。

这半年我姐姐不太对劲。她说哭就哭，同时用手抓头发，这样她的头发总是乱七八糟的，我们没法给她梳好头。后来一天，我们发现她的头发被剪了，我们根本不知道是谁剪了她的头发——头发贴着头皮连整个发髻都被剪掉了。女人在结婚的时候要把头发挽起来梳成发髻。后来我们找到剪下来的头发，这些头发挂在周王庙院子里的荆棘丛上。头发一定是被折磨姐姐的小鬼剪掉的。整整半年，姐姐一直自言自语，有时她会全身僵硬、一动不动。但是她慢慢好了，发病的次数越来越少了。

我们请朋友为姐姐去跟她婆婆和她丈夫讲和，最后做了这样的安排：他们把姐姐接回去，姐姐和她丈夫单独租一间屋，这样他们就不和老人住在一起了。姐姐和姐夫相处得很好，他们互相喜欢，但有时候姐姐还会犯病，这时候她会又喊又叫，手脚会变得僵硬。折磨她的小鬼的法力不大，它借姐姐的嘴说话，但不给人算命。

看到姐姐嫁给一个年轻的丈夫生出这么多的麻烦，我爹娘说我应该嫁一个岁数大一点、能疼爱和珍惜我的男人。当媒人来讲有这么一个人——他没有娘、他娘已经死了时，我爹娘认为他们为我做了一件好事——我会有一个上了岁数的丈夫来疼爱我，而人又不是太老，还没有婆婆来骂我和虐待我。

我们的邻居，就是那个承包挑粪的人，为我做的媒。他是个靠说媒挣钱的人。他不关心两人结婚后关系好不好，反正他有媒人钱花就行了。正像老辈人所说："新娘上炕头，媒人靠南墙。"媒人对我们把我丈夫的年龄隐瞒了四岁，说这个男人只比我大十岁，其实他比我大十四岁。这门亲事定下来的时候我只有十二岁。我定的是娃娃亲，我的头发还编着辫子。我什么都不知道，我结婚的时候十五岁。

有人跟我说我要当新娘子了。我见过沿街走过的娶亲队伍，也见过结婚当天坐在炕上的新娘子，结婚时所有的人都会进去看新娘子。（对我来说，结婚就是穿上漂亮衣服，头上戴上漂亮的头饰。）

洗完澡后，我穿上红内衣和红袜子坐在炕上。锣鼓敲打起来，有人把我抱下炕，我坐在椅子上，几个已婚妇女为我梳头，把我的头发在脖子后挽成已婚妇女那样的发髻。她们给我穿上红色的新娘绣花礼服和红色的新娘绣花鞋，头上戴好了头饰。一位父母双全、妻子健在的哥哥辈的人把我抱出来，放到来接新娘的轿子里，这个轿子会把我带到新家。我只知道当他把我往轿子里放的时候，我不能碰轿子的两边，我还知道我穿着漂亮的衣服。我是个孩子，按照我们的算法，我也只有十五岁。我的生日很小，刚好在新年前，一出生我们算自己一岁，过年的时候我们要再加一岁，这样我还在一个月大的时候，就被算成两岁，因为我是在上一年的年尾出生的。我还是个孩子，我实际上还没有过十三岁的生日。

我是又害怕又想家。

那一年是扫把星年，我现在还能清楚地记得，那一年太阳周围有很多亮亮的圈圈。

3

婚礼（1881）

穿着绿色的统一服装，戴着垂着丝带的红帽子的吹鼓手们坐在院子里一张桌子旁，几个人吹笛子，几个人吹喇叭，还有人按节奏打镲。新娘穿嫁衣时，前来迎接新娘的新郎和新娘的家人在另一个房间里喝酒，这时候传来笛子音乐。通过演奏不同主题的音乐，那些在街上路过的人，或者是停下来观看的人会知道婚礼正在进行哪一部分的仪式。

桌子放在大门口旁边，吹鼓手们坐在桌子边喝茶，他们在这里断断续续地演奏着。到了新郎要接新娘回家的时刻，吹鼓手们站起来演奏，喇叭和笛子一起吹奏，锣镲铿锵，鼓声咚咚。新郎走出房门，他穿的是租来的结婚礼袍，结婚礼袍上的图案类似官员礼服上的图案。每个人，不论男女，在其一生中至少有一次或两次穿的是最华丽的。（他们在结婚或下葬的时候都可能穿上华丽的衣服。）

新娘的父亲、兄弟和舅舅陪着新郎，他们弯腰致礼送新郎上轿子。然后，新娘的红色轿子被抬到门口，轿子正对着大门口放下。我们家的过道太小了，不能像高门大户那样让轿子直接抬进院子里。轿子和大门之间所有的缝隙都由轿夫拿着红毛毡遮挡住，以确保没有鬼怪进入。一声悠长的喇叭声响起，新娘跪坐着由一位老人抱出来。这位老人是一个邻居，他是一个木匠，他不再做木匠活了，后半辈子一直忙各种红白喜事。他还是个大夫，不是那种在自己的墙外挂许多荣誉牌匾，牌匾上的诗句含蓄宣传自己的治疗效果的大夫。他是一个普通的男人，他知道孩子肚子疼的时候要告诉孩子娘应该做什么，知道孩子们生痘时如何防止在脸上留下疤印，知道肝火太旺时如何去火。他还是红白喜事的主事人，他是邻里之间的和事佬。

长天白日，他会靠墙蹲在一个阳光温暖的背风处，仔细听人们各说各话。他是那种被公认的一个全福之人。老天爷一直对他很好，他的爹娘仍然吃住在他的家里，没有被送到他家麦田大斜坡上准备好的小砖房里。他的妻子，即他的老伴，四十年前开始跟他过日子，当时他还是一个十六岁的小伙子。现在他有儿有孙，因此办婚事时他很受欢迎，大家希望他会为新婚夫妇带来好运。他穿着参加婚事专用的黑色外套，把穿着红色礼服的新娘送到轿子里。新娘跪在他的双臂上，戴着重重首饰的头伏在他的肩上，新娘像一只红色的弓，靠在一只黑色的弓上。他把新娘放在轿子里宽大的矮座上。

新娘双臂交叉盘腿坐好的时候，几个男人健在的妇人过来帮助新娘整理好衣服。她们放下新娘前面的红色帘子。锣声一响，抬轿的人扶住轿子，再把抬轿的杠子穿过轿子上的扣环，起轿上肩。婚礼队伍出发了，由于两家都是穷人，婚礼的队列不长。

没几个人的婚礼队伍出发了，队列中有几对挂在杆子上的红灯笼、红布缨，还有上面写着金色大字的红色木牌，乐队紧随其后。接着，新郎绿色的轿子过来了，紧随其后的是新娘红色的轿子。新娘的哥哥走在轿子的旁边，手里拿着一块红色的毛毡。他的责任是当他们经过水井、阴暗的角落和寺庙的时候，他要把这块红毛毡举在新娘的轿子和所有这些地方之间，他必须保护新娘免受饿鬼的伤害。那些淹死在水井里的人的灵魂注定要徘徊在井的周围，直到它们能引诱其他人淹死自己，它们才能超生。新娘的哥哥必须保护新娘不受隐藏在黑暗角落的各种精灵的伤害，如黄鼠狼精和狐仙等，还要保护新娘不受庙里小鬼的伤害，这些小鬼可能会跟着新娘回家，在她身上附体，让她表现得不正常，做一些违背常理、奇奇怪怪的事情。过路的人好奇地看着新娘的哥哥，试图通过他的相貌来判断新娘长得多好看。后面跟着的是一辆马车，车上坐着一对完美齐福的中年夫妇，他们父母健在、孩子健康，他们会代表女方把新娘送到新家。

轿夫们走起路来昂首阔步，迈着夸张做作的步子。一只手叉腰，另一只手臂摆动着，因为他们抬着的是一位处女新娘。新娘穿着结婚的礼袍坐在庄重的轿子里，俨然是个大人物，虽然这礼袍是租来的。

婚礼队伍从狭窄的小巷里鱼贯而出，轿夫的胳膊肘几乎碰到了小巷两边粗糙的石墙上。垒墙的石头取自本地的山上。婚礼队伍来到城里路面铺着大块花岗岩的主大街上，他们向北路过一个算命道士的道观，那个道士的驼背老婆向附近的孩子们卖糖果。他们穿过北城门的拱门出城了。

在城外，婚礼队伍向东转，继续顺着沿城墙的马车道行进。队伍穿过麦田，朝着海边的一个村庄走去，这个低矮灰暗的村庄坐落在一个小岬角的岩石滩上。

这是一个渔村。新郎家拥有一只渔船。新郎还是个农民，在村子附近有二十亩麦地。这是宁家村，村里所有的人都姓宁，他们的名字都被记在位于村子中间的家祠的族谱上。大概在一千二百多年前，他们被隋朝皇帝迁徙过来顶替那些在战争中死去的人。自大汉王朝解体后，蹂躏中国的漫长战争使无数人丧生。皇帝把宁家从几千里地以外的夹在四川和贵州之间的云南，迁过来重新填充了这个半岛的人口。从那以后，他们一直住在皇帝赏赐给他们的土地上。

4

婚姻生活（1881—1887）

当我到了新家，等到参加婚礼的客人都走了以后，我发现家里还生活着一个女人——一个表嫂，她在这里已经住了很多年，还给我男人生了一个儿子。我们四个人睡在一个炕上。我还是个小孩，我告诉她因为害怕我很高兴她在这里。她的丈夫走了很多年，没有人知道他的死活。她有一个大儿子，也去了满洲，他的名字叫福来，“愿好运降临”的意思。小儿子的名字叫发财，“愿财富降临”的意思。这个女人和我们在一起住了两年多。

我公公也和我们住在一起。他种家里的地，冬天的时候编篮子。他年轻的时候在城里的衙门当过仆人。

我还只是个孩子。我和发财俩人跟村里的孩子们一起玩游戏，我们玩打响指或拔骨节、捉迷藏、踢毽子、抛铜钱。

这个村的每一个人都和我男人同姓，所有的人都姓宁。老人们说，他们的祖先从云南来的时候，他们每个人的小拇指上有两块指甲，这是宁家的标志。我也听老人们说过，他们好像每个人都有两个小拇指。

宁家的祖先跟着隋朝的老杨林来到山东。杨林是隋朝开国皇帝的叔叔。有人说，杨林长得很体面，身强力大，骁勇善战，他手持囚龙棒天下无敌。但他又是一个恶人，他不知道母亲、姐妹和其他女人之间的区别。他还有一群用车拉着他到处转的少女，他逼着她们脱光衣服，退着走拉着他，当她们跌倒时，他放声狂笑。当一个男人不知道自己的母亲、姐妹和其他女人之间的区别时，他已经偏离了人道，退化成四条腿走路的禽兽，没有理性了。

我们村的一个闺女嫁到了外村，她的男人和他娘的关系不清不楚。这个年轻的媳妇回到娘家，对她的娘哭诉。她娘说道："活着难，死容易。"于是这个闺女吞鸦片死了，闺女娘家的男亲戚们抬着她的尸体去她婆婆家。她的男人跑了，但她的婆婆被抓住了，她躲在邻居家。闺女娘家的人痛打了婆婆一顿，还脱下她的裤子，给她下身塞满了辣椒和香料。最后邻居们劝说他们住手，不要当场打死她。这些兄弟为妹妹争取到了一场隆重的葬礼。

我男人村子有个鞋匠是个斗鸡眼。他的独生子是个银匠，是个挺好的孩子。鞋匠给儿子娶了媳妇，这媳妇有点笨，但是她的家务活做得井井有条，她还生了个儿子。

隔壁有个长得娇小的风流闺女，她很会打扮，头发抹着油，脸上涂着胭脂，经常向年轻的小银匠抛媚眼。她的名字叫黄金玲。她和小银匠的关系越来越热乎。他们把梯子架在墙上，来来回回地见面。他们俩越来越亲密，黄金玲想跟着小银匠过日子。但是小银匠家里有老婆，这个老婆生的儿子这个时候大约六岁。金玲不愿意去小银匠家做妾，小银匠的老婆是愿意她来做妾的——银匠的老婆能怎么样呢？但是金玲不愿意。

一天晚上，小银匠的老婆在院子里的大水缸里淹死了，小银匠大声哭叫，邻居们都赶过来。

“她又犯病了，把自己淹死了。”小银匠一边说着一边像自杀案通常做的那样打破了水缸。如果有人上吊，上吊用的绳子就要仔细地收起来；如果有人跳井，这口井要么必须填平，要么必须仔仔细细地淘干净。于是小银匠打破了水缸，结果在水缸底有一条腰带。

死者的娘家人将此事告官，但是，尽管有腰带作为证据，县官还是驳回了这个案子。邻居们怕惹麻烦，不愿意出面作证，县官也不想招一个死刑案件审判的麻烦。那个时候，死刑审判并不像现在这么简单。现在的县官可以命令士兵带枪处决任何他觉得该杀的人，并且就这样结案。那个时候，谋杀案的审判必须通过知县和知府，还要上报总督巡抚。家庭纠纷告官是没有用的，县官总是偏向活人。

这些都是村里发生的一些比较特别的事件。村子大约有 200 户人家，大多数人的日子过得平平常常，没有什么可讲的。

宁家曾经有四个分支，我们属于南支。北支已经绝户了，东支也仅剩几户了，西支的人数最多。村里的每个人都同属于一个家族。我和发财经常和其他的孩子一起玩耍，这些孩子是我们的叔叔、姑姑或堂兄弟姐妹们。由于我们玩的游戏都很粗野，我经常回家时两条腿都带着淤青，我当时还只是个孩子。

按照风俗习惯，我每个月都要回家看望我娘。但是因为我男人抽大烟，家里没有吃的，我住娘家的日子比风俗规定的日子要多。每个月有半个月住婆家，另半个月我在娘家住。我哥哥会带着邻居家的白马或者是借一头驴来接我回家。

当我离开娘家要回我婆家的村子时，我不会让娘看到我在哭。我会去茅厕擦干眼睛，然后我会忍住，直到转过街角后，我才再哭起来。那是因为我姐姐不得不要回到她婆婆的身边时，她总是大哭大叫，结果我爹就会训她。

“我们能怎么样？”他说，“生米已经煮成熟饭，这样胡闹有什么用？”所以我总是小心翼翼，不让他们看到我哭。我姐夫人好，会给我爹娘送钱，但是姐姐的婆婆让人头疼。我没有婆婆，但我男人也不带钱来我家。

当我离开的时候，娘总是瞪着眼，板着脸坐着。她不笑，但也没有哭。她瞪着眼，板着脸，以免流泪。

我现在知道了，没有必要因为我的婚姻生爹娘的气。他们为我尽了力。他们认为替我找到了一个好人家。现在我知道：每个人都有自己的命，我的命就是这样定的。

在满子出生以前，我们四个人一直睡在一个炕上。后来，邻居们替我赶走了那个女人。这些邻居都是我们的亲戚。邻居们对那个女人说：“你是谁呀，你应该和他们住在一起吗？”

于是她走了。但是在这之前，我们之间的关系已经开始破裂了。我、发财和村子里的孩子一直在一起玩。我们曾经玩捉迷藏的游戏，他们把发财放进一个空的水缸里，再盖上木头盖子，我担心发财会透不过气来，告诉他们缸盖不能盖得太严实了，我叫他们留条缝给发财喘气。后来，我忘记了发财，直接回家了。发财越来越害怕，大声喊道：“婶子，婶子。”发财叫我婶子：“婶子，来放我出去呀。”后来，我去把他放了出来。发财在那个时候生了痘。发财浑身都是痘，他死了。发财死的时候，正好是我回娘家那半个月，我和我娘住在一起，所以我不知道发财怎么死了。可那女人说发财是吓死的，是我把他吓死的。从那时起我们就吵架，当我们越吵越厉害的时候，邻居们把她赶走了，她和另一个村的一个鞋匠住在一起。

后来她的大儿子回来了，他已经在满洲结婚成家。他为他母亲攒了两三百块银元，并带着这笔钱回来看她。但是，那个时候她已经死了。我们招待他在家里住了几天，然后他带着钱又回到他老婆孩子身边了。

我们家的西邻，住着一对老头老太太，我们称呼这对老头老太太为大伯和大娘。这个大伯是我公公的叔伯哥哥。他们两口子没有孩子，他们很喜欢我。他们有地还有房，他俩很勤快，用柳树枝子编篮子，煮海水晒盐，一年四季闲不下来。

这位大伯七十多岁，身子骨硬朗，喜欢喝酒。他对我很好，很烦我男人。大娘有五十多岁，个子不高。

我经常去他们家。每当我男人啥吃的也没有带回家，我在他们家蹭吃了很多顿饭。

在我大约二十岁的时候，大娘去世了。她去世以前，一直由我来护理她，她病了一个月，最后半个月病得很重。

“我不想让留义当我的孝子。”“留义”是我男人的小名，他家的人都这么叫他。按理说，他应该是孝子，因为他是大娘关系最近的侄子。他们要我做孝女，让我抱浆水罐。浆水罐是一个小陶罐，陶罐里装着由所有家庭成员及他们的后代放进去的食物，如米饭、饺子和馒头。罐子要装得满满的，这样家族才会人丁旺盛。浆水罐里的食物也是为即将赴黄泉路的人准备的。凡是往浆水罐里放食物的人都会有好运，放食物最多的孩子财运最大。最后由家里最小的儿子把一个圆饽饽放在罐子最上面，再把一双筷子插进去。我充当了所有的孩子：先是要装浆水罐，再充当小儿子插筷子，还要当大儿子捧着浆水罐出殡。捧浆水罐是孝子孝女的标志，浆水罐要放在坟墓里棺材头的位置。

大娘去世的时候，我守在她的身边。据说，那些身边没有人陪伴，孤单死去的人也将孤单地一个人转生回来，这样的人没有后代。任何人去世时，家人必须守在身边。

我做了一个小红包，把红包拴在大娘衣服扣眼上。红包可以让她在黄泉路上走得轻松一些。我从一只耳环上削下来一点银子，她可以在路上用银子买她需要的东西。我把银子、一撮茶和一块糖一起放进红包里，还放了一点咸菜，咸菜可以让她的饭菜更可口。按照风俗习惯，当大娘死的时候，一旦断气，我要把这个小红包塞进她的嘴里，这样，她在升天的路上可以有东西吃。我还在她手里放一小包吃食，当她穿过恶狗岭的时候，可以用来喂狗。我把她的脚绑在一起，以免她诈尸。我为她做了儿子媳妇或者是女儿该做的所有的事情。

大娘一断气，我们就去了土地庙，土地庙是供奉土地神的庙。我用擀面杖在地上砰、砰、砰地连敲了三下，以打开阎王爷的大门，然后又对着天连敲了三下，以打开上天之门。

第二天早上，宁家全族所有的人，无论男女，都要去城隍庙，城隍庙是供奉城市之神的庙。因为这个时候，土地爷已经把亡灵带到了城隍庙，我们必须喂养它。我们带来了一碗粥，要把这碗粥泼在院子里，然后所有人磕头哭嚎。第三天，在城隍庙做的一切要在天尊老爷的庙再做一遍，天尊老爷是掌管天庭的主人。这一次是所有的亲戚和朋友都来庙里哀悼。

葬礼在第五天举行。老人去世尸体至少在家里停放七天，年轻人去世尸体至少要停放三天，但是我们在第五天的时候把大娘埋了。出殡前的那个晚上，整整一夜我们都穿着白色的粗布孝衣跪在棺材周围哭，吹鼓手在演奏，这些是为了辞灵。亡灵在自己的身体旁逗留几天是很自然的，因为亡灵会觉得离去而开始一段未知的旅程很困难。

我们给她烧了一些纸钱、衣服和纸扎的佣人，把烧剩的灰烬装进了一个瓦盆，当棺材被抬起时，瓦盆被扔在地上，摔碎了，我们所有的人都恸哭起来。

我披麻戴孝，头上扎着孝带子，怀里抱着浆水罐走在棺材的前面。

一两年后，大伯也去世了。老人的大部分财产给了大娘的侄子和侄女，但是老两口非常感激我，他们留了一所房子给我。

这所房子也被我男人抽鸦片抽掉了。

我们结婚时，我男人二十九岁，他自从十九岁开始一直抽鸦片。为了鸦片，他变卖了所有的东西。他忍不住。他拿走了家里所有的东西。我不敢洗完衣服把它放在外面晾干时不在旁边守着。我在炕席下面藏一枚铜钱，他都能找到。家里的田地逐渐地没有了，被他卖了。

我问我男人："你为什么抽鸦片？"

"哦，"他回答，"你不懂，九天之上所有的仙女会成群结队地来找我。"

他是一个渔夫。我们的村子在海边。一个有家的男人不能过两种生活，一个是去当兵，另一个是做渔夫。渔夫的作息随着潮汐而定，他们可能白天睡觉，晚上出海，他们学会了懒散，生活没规律。一大早，如果能捕到鱼，无论多少，他们都会带着捕获的鱼到离村子五里路远的蓬莱城。黎明时分，他们已经在城外等候了，赶着第一批进城门，他们在市场上卖了鱼，然后再去账房取钱。这账房在一家小旅馆的院子里，他们整天在旅馆内要么抽鸦片，要么酗酒，还会剩下多少钱带回家呢？他们怎么能逃脱鸦片瘾呢？我男人脾气好，性情温和。我姐夫会打我姐姐，我男人从来没有向我抬过手，但是他也不带吃的给我。每个月我有半个月的时间吃住都在娘家，另半个月我住在婆家时，我哥哥会给我送来米和面。

满子出生时，我娘来我婆家照顾我。娘来照顾我的时候，我有四天没有下炕。除了我小时候生痘，这是我一生中待在炕上最长的时间。我生了个闺女。

满子两岁时，我又怀了孩子，我离开了我男人，离开了村子。这是我第一次离开他，是走的。这是我第一次从婆家走到娘家。在蓬莱，体面的女人是不会在街上走的，通常是骑着马，用一块黑色的方巾遮住脸。但是我气坏了，我们已经争吵了三天。他把我所有的东西都卖了。我结婚时娘给我的东西中，只剩下了一对银发夹。我喜欢这对发夹，他想把它们卖掉，我不让他拿到发夹，我们打了三天。这三天，我们一家四口只有七小碗小米稀粥喝。他最终抢走了银发夹，卖了 100 个铜板，抽他的鸦片去了。我们娘三个没有吃的。手里领着一个孩子，肚子里还怀着另一个，我上路了，我说我们会去要饭。

他家的亲戚都站在自己家的门口看着我们走过。他的大伯，就是那个我曾经伺候过他老婆、做过他老婆孝女的老人，一路上跟着我，劝说我回去。他泪流满面，他很为我难过。但是我在气头上，而且非常生气。我回了娘家，我爹娘收留了我。在我生气的时候我说过我要去要饭，但是，那个时候我还不知道怎么要饭，我还是回到了我男人身边，后来我第二个孩子出生了，还是一个女孩。

5

爹娘（1881—1887）

我结婚那一年，我爹开始自己做生意。他在蓬莱开了一家小店，卖一些家庭日用品。爹跟四个人借了钱，每人借给他两万文钱。总共加起来，我爹自己做生意一年挣的钱，比他在人家店铺里做伙计一年挣的钱要多一点。这四个人中一个是我姨的儿子，这个姨妈嫁给了王家，王家有店铺，卖丝绸、锦缎、珠宝；一个是姓宋的男人；一个是家里有许多帆船的姓刘的男人；还有一个是我姑的儿子，这个姑嫁给了刘家，就是她买了我们家的园子，她家里有许多地。他们四个借给我爹的钱并不多。

我爹太相信店里的伙计了。店里那个管账的也不可靠。一年多点，店就倒闭了。爹离开蓬莱去了芝罘，在一家店铺找到一份当伙计的活干，一年挣五万文钱，年底还有分红。

爹去芝罘大约一年后，他在秋天回了一趟家，爹在家住了十天或者是十一天。他来我们村子看我，但是他不敢在城里露面，或者不敢让人知道他在家，因为如果他那样做了，人们会找他讨债。

我爹最后一次回家时，我没有见到他，我怀着第二个孩子，身子很重了。我姐姐的孩子在那个时候病了，因此她也没有回娘家。我们再也没有见到爹。或许如果我们回娘家，大家在一起商量商量，我们可能拦住爹，不让他再回芝罘，爹可能会多活几年。爹死在了芝罘。我娘没有告诉我我爹是咋死的，因为她担心我会早产。

爹是这样死的：他决定要回家看看，当时是阴历二月、阳历三月，天仍然很冷。当他来到夹河时，发现渡口空无一人，他背着包裹坐在船上等着，水不深，但是很凉，因为他腿脚不灵便，我爹犹豫不决是否下水。

我六七岁的时候，我们家园子里的井水据说被蛇毒弄脏了，因此决定要把这口井清理清理。我爹要求工人下去，但是他们不肯。爹再一次要求工人下去，他们还是不肯，于是爹不得不自己下去，他还没到井底，就听到了石头松动的声响。爹向下看，他看到了一段没有头和尾巴的东西在泥浆里动来动去。我爹赶紧拉响铃铛，让工人们把他拉上来。爹没有碰到那条蛇，但是他已经中毒了。他的一条腿逐渐地麻木没有了感觉，然后肿得像水桶那么粗。我们按摩他的腿，腿逐渐变成了红色，然后腿上有七个口子流血。中医给爹开了方子，但是因为我们钱不够，我们不能按方子抓药。我们把蓖麻子和杏仁捣成糨糊，为爹做了一块膏药敷在他腿上。这件事发生在四五月，一直到七月，爹这条腿上的那些伤口才长好。过年的时候，我爹甚至还不能给祖先磕头。他的腿僵硬，不能打弯。从那以后，这条腿有时候会肿，伤口会再裂开。

这样，我爹背着包裹坐在船上，等着船工到来。他听到有人在叫："文泉，文泉。"父亲的朋友和生意伙伴都这样叫他。

我爹四下张望，但是没看到一个人。他顺着来时的路往回走，还是没看见一个人。于是我爹又来到河边，他心里想："没有人摆渡我过河，我自己蹚水过。"我爹脱下鞋和袜子，卷起裤腿，开始过河，他又听到了那个声音："文泉，文泉。"

我爹向后看看，还是看不到一个人。我爹害怕起来，他拼命快跑过河。河水非常凉。

我爹回家后，把这件事告诉了我娘。然后他又返回了芝罘，不到一个月，我爹去世了。我爹因肠道发炎而发烧过世。那个叫他的人肯定不是活人。

我娘三十天后也去世了。

我娘最后还是挂念着我。娘活着的时候，我有地方投靠。她送吃食，还送米面给我。我是我们家最小的孩子，他们一直都疼我，都为我着想。

我娘躺在炕上病着，她的病一天比一天严重。

“我感觉很不好。我的病很厉害。我快要死了。我死了你咋办？”

娘快断气的时候，全部的亲戚，包括我姑还有姨，姐姐和哥哥，还有我们全家人都来了。母亲最后的话、最后的想法都是为了我，以及没有她我会怎么办。

正是在我娘离世以后，我挨饿，我遭受了各种罪。

那些做娘的人一定为自己的孩子着想。我娘直到去世，她一直都在为我着想。如果她不是这么年轻就去世了，我的生活一定不会那么艰难。

我七天七夜伺候娘，由于不眠不休，熬得我几乎眼前一尺的东西都看不清楚。当我生火做饭时，我要倚着锅台才能支撑住自己。

有时候娘的头脑不清醒，她会下炕来回转悠，我恳求她躺下，但是她还为我着想，叫我躺下。

她说：“你不躺下，我不睡觉。”于是我躺下了，然后她设法爬起来，举着小油灯，找她以前藏的东西。

我哭着说：“你走的时候带上我吧。”

“那得看阎王肯不肯。”

娘下炕走来走去。她忙得很，她的手停不下来，却做不成什么。但是有时候她脑子清醒，这时她担心我。

“我的时辰到了，”她说，“阎王爷派人来找我了。我必须听从阎王爷的召唤。可是你怎么办？你姐姐有一个好公公，他会管家，会照顾你姐姐。你哥哥是个男人，能照顾自己。我就担心你，你摊上这么个命，你将来怎么办呀？”

接着娘开始抠炕上的被褥。那些天，娘撕开了褥子，掏空了褥子里一半的棉絮。

我们看到娘越来越虚弱，我给她洗脸、梳头，姐姐给她洗脚。“为什么我头发的样式梳得不一样啦？”她看到我手里的红头绳。

娘是中年妇女，头发要用黑头绳扎。但是为了娘的远行，她的头发必须用红头绳扎起来。尽管在娘面前我尽量把红头绳藏起来，她已经看到了我手里的红头绳。

“还不到准备走的时候，我扎原来那根。”听我这样说，娘满意了。

但是，我还是给她扎上了红头绳，因为我看出来她快不行了，娘必须为要开始的行程穿戴得体。让她头发凌乱和穿错衣服上路是不孝的。然后我们拿出新衣服，裤子和上衣，给她穿上。娘看着新衣服，她把衣服的下摆掀起翻过来，看到衣服的衬里是红色的，她明白这意味着什么，她说：“还有两件衣服。”

按理说，根据风俗习惯，还应该有一件裙子，像在婚礼上穿的那种裙子，还有一件长上衣。听到娘说这句话的时候，我和哥哥都哭了。我哥哥说："娘，如果你能等两年再走，我会准备好一切的。"

因为我们日子过得不宽裕，我们没有多余的钱。爹挣的钱仅够养活他自己。我哥哥养活娘，挣的钱带回家。娘把哥哥带回家的钱用在我和我的孩子身上。哥哥挣的钱够我们吃，但是没有多少能剩下来。哥哥胳膊上挎着篮子卖糖果，他还有一个装着幸运签的竹筒，他的顾客可以摇竹筒获得幸运签。因此当娘看到她的寿衣不齐全的时候，我俩都哭了。

然后我们把娘从砖炕上抬下来，放在我们为她准备的长寿木板上。我们不能不孝，让她死在砖炕上，让她后背永远背着一块砖。

当我娘去世的时候，我的小姨，我的表姐妹，还有我姑，都围在娘的身边。娘最后几句话还是为我，她说话很含糊，以至于我们不能听清她说的所有的话。但是我们能听出来她在叫我，叫我的小名，是那个在我很小的时候娘用来叫我的名字。

娘呼唤着我的名字，叫我到她身边来。我走了过去，我知道她正在努力告诉我她把不多的钱放在哪里，叫我藏好它们，这些钱都是我的。但是我没能听清钱藏在哪里娘就走了，我们都哭了。全家所有人都在场，我的姨、姑、叔叔和婶子，我的哥哥和姐姐。

然后我收拾娘的大小柜子和所有的抽屉。我在这里找到一百文钱，在那里又找到两百文钱，我把这些钱集中起来说道："这是我的，娘把这些钱留给我。有它，我会受穷；没有它，我还是会受穷。"

于是我按照风俗习惯买了要用的白纸钱，金色和银色的纸钱，把这些东西烧掉让母亲去西天使用。我一直哭得看不清自己眼前的双脚。

接着，我哥哥得了同样的病，躺在炕上抠褥子。娘是四月十八去世的，哥哥是在五月初二生病的。我照顾哥哥。哥哥的脑子不清醒的时候，他大声喊道："林老二偷了你的裤子。"或者，"我必须骑王家的白马，它跑起来很好"。

他喊叫这些话，吓坏我了。他的手没完没了地忙活着补鞋，因为他学过鞋匠这个行当。

我找来一个擅长针灸的人，我们给哥哥扎针。哥哥年轻强壮，他康复了，但是他脚不沾地有四十天，非常虚弱，只有我扶着他，他才能走几步。

后来哥哥对我很好，甚至像娘曾经那样对我好。但是我姐姐不好，她心眼儿不好。她对哥哥说："你要为那些跟你不是一个姓的人出苦力干多久？这个苦差事你能看到头？如果有个儿……但是甚至也没有个儿长大接过这个差事，你永远不结婚养活自己的家人吗？"

姐姐这样对哥哥说，终于改变了哥哥的心。一天，哥哥去了芝罘，他不辞而别。

我们的地没有了，那老头，即我男人的父亲，既然地没有了，我公公可以在城里以及乡下编篮子，他赚的钱勉强够养活他一个人。我要进城靠近我家里的人。我们卖掉了父母留下的那三间带院子的房子，卖了七万文钱，我们花三万文钱在城里租了一间房，租期四年。那时候的房子便宜，容易租到。

娘去世的时候我 21 岁，娘只有 53 岁。

6

挨饿（1887—1888）

我一天天坐在家里，饥饿折磨着我。我能怎么样？我娘去世了，哥哥走了。我男人带食物回家，我就吃这些食物，两个孩子和我一起吃。女人不能走出院子。如果一个女人出门去做佣工，所有的邻居都会笑话她。他们会说三道四：某某的老婆出去伺候人了，或者说某某的女儿出去伺候人了。我甚至对要饭了解得也不多。这样，我坐在家里挨饿。有一天我实在饿极了，甚至拿起一块砖头打碎捣细了吃下去，这才让我感觉好一点。

我怎么会知道要怎么做呢？我们女人除了梳头、裹脚、在家里等自己的男人，什么都不知道。我娘饿的时候，她坐在家里等我爹带食物回来给她，所以我饿的时候，我也坐在家里等我男人带食物回来给我。

而我男人卖掉了我们所有的东西。

家里有一顶皮帽子，我男人要卖掉它。但是我哀求他不要卖掉这顶帽子。

“让我们留下这顶帽子吧，这是我叔叔的，拿我的衣服去卖吧。”

他拿走了衣服换来了粮食。他回家吃饭的时候，仅喝了两碗小米稀粥。我想知道他为什么吃得这么少。我四下一瞅，发现那顶帽子不见了，我知道他已经把帽子卖了换了鸦片，那些抽鸦片的人不在乎吃的。

后来他说要做小买卖挣钱。

“没有本钱呀。”我说。

于是他拿走被子换了一些黏米和大枣，他把黏米和大枣带回家叫我包粽子。秋天所有的人都吃粽子。他还买了粽叶用来包黏米和大枣，再把它们煮熟。

“如果你包不好粽子，我们就没什么可卖。”他卖了三天粽子，血本无归。

他和老人（我公公）都走了，他们甚至没有在家里留下一粒米。

我有一个远房表叔姓刘，我们家的老园子就卖给了他。他给我送来一篮子卖剩下的瓜果。我没有炒菜油，我没有松子来生火炒菜。我和孩子们就这么生啃这些东西。

家里两个男人，我男人和我公公，离开我们出走的时候是秋天。我拉扯着两个孩子，满子五岁，清雅三岁。我们一点吃的都没有，家里所有的东西都被他们卖光了。

我对自己说："我要到庄稼地里去拾掉落的粮食。"因为那时候是七月里，是收获的季节。我拿裤腰带把小闺女拴在窗棂上，这样她就不会从炕上掉下来，我把两个孩子关在屋内。我这么干了很多天，我整天去那些收割过庄稼的地里捡落在地里的粮食，下午回家。我捡了玉米和豆子，我们有足够的吃的了，还有剩余。我有一个坛子，一半装满了玉米，另一半装满了豆子。我还去路边和墓地拾草，攒了一小堆干草放在屋内的角落里，足够做饭用了。

一天，我在地里捡了一整天粮食，当我到家时，我发现满子在街上玩，我问她怎么出来的。她说："我刚刚才出来。"我走进屋子，小闺女哭得脸色发紫，她已经从炕沿掉下来了，被我牢牢系在窗棂上的裤腰带吊着。她睡着了，她自己哭得睡着了。

家里没有做饭的锅，我不得不向邻居借一个盆，我用盆煮捡回来的豆子。我男人早就卖掉了我做饭的锅。晚上趁我睡觉的时候，他拿走了我娘留给我的锅，他把锅从后墙头递了出去，他卖了锅换了鸦片。那些抽鸦片的人是不要脸的，他们心中没有任何行为准则。我还要借吃饭用的盘子。但是我们有足够的粮食吃，还有多余。我和两个孩子吃我捡回来的粮食，剩下什么，例如一碗豆子，我会在架子上放好。

这时候，我男人回来了。他把我公公装在筐里，筐吊在一根杆子上，他和另外一个人抬着杆子。老头得了霍乱病。

我们把老人送进了西屋，放在炕上。

我男人有一串钱，大约两寸长，估计有七十文钱。我叫他花二十文钱买些糙米，我把糙米和豆子掺在一起煮了给他们吃。

我把剩下的钱挂在墙上的一个钉子上。

我照料老人。那些感染霍乱的人一般死得很快，但是老人不想死。我伺候他两天，他上吐下泻的，我护理着他，但是他不想死。他儿子应该和我们在一起，可是他躲在那些地方抽鸦片。那些抽鸦片的人知道什么家庭、名誉和面子呢？

住在同一个院子的一个邻居对我说，“现在正是你需要人的时候”，意思是我男人应该和我在一起。

我答道：“是的，现在是我需要人的时候。”但是，他没有回来。

晚上我做了一个梦：两个小鬼来到我的炕沿边，告诉我该我走了。我说我不想走。它们说我必须走，管着阴间的阎王爷早就发出了命令，他们以前没有工夫来找我。他们坚持要我跟他们一起走。他们有一条锁链，他们要把这条锁链绑在我的手上。我说我必须先跟我哥哥说再见。似乎公公正蹲在做饭的炉子前面，他正在点烟，或者正在生火。我男人正在炕上睡觉。我的孩子哭着不让我走，我非常不安，我不能离开孩子们，我哭了，两个小鬼离开了。

这是第一个梦。一天以后做了第二个梦。我梦见我坐在邻居家的台阶上，太阳落到半天空。一个身材高大的恶鬼，个子很高，眼珠子发红，脸上有麻子，态度凶狠，向我走过来。

“到时候了！”他说。

“你觉得他们个子太小，不跟他们走。你说服了他们。但是，我，你说服不了，不超过十五天，你必须跟我们走。”我低着头，没有回答。

那年夏天发生了地震。那些天我神情恍惚不能干活，我总是想：“十五天之内我会死的。”我把梦告诉了邻居，邻居说：“别担心，也许你是替孩子的爷爷做的梦。”

我在五月做的这些梦，公公在七月死了。

我坐在院子里的窗户下，正在做鞋，我听到了什么东西落地的声音。我跑进屋里，用两只胳膊把老人架起来，喊道：“爹，爹，怎么了？”

他说：“不要紧，我会好起来的。病了这么长时间，让我好起来吧。如果我不好，我妹妹说过她会给我买一副棺材。她说她不敢把钱给我儿子，她担心他会把钱花了买鸦片。她担心如果她给他买一副好棺材的钱，他会给我买一副薄棺；如果她给他一副薄棺材的钱，他会把我用草席一裹了事，但是我妹妹说过会给我这些钱的。”

我把老人弄到炕上。

姑姑是一个寡妇，住在宋家村。当年宋庆将军发达的时候，他给村子里所有的人发钱。姑姑是一个有两个女儿的寡妇。她依靠宋将军发给她的钱过日子。我男人进屋时，我把他爹说的话原原本本告诉了他，告诉他去他姑家。

他早上出门。我照顾老人一整天。我男人在上午九点离开家。下午五点左右，老人不行了，他躺在炕上，叫道：“我要下去，我要下去。”

我一个人带着两个孩子，我们没有灵床。我把里屋的两扇门板从门枕上卸下来，我先把两个孩子安置在一扇门上，我用两只胳膊架起老人帮他挪到另一扇门上。他是一个瘦小的老人，我年轻力壮。我帮他离开炕，又帮他爬上我用两个长凳子垫起来的门板上。我坐在老人和孩子们的中间，一只手安抚着孩子们，另一只手支撑着老人。我就这样子坐了几个钟头，可是老人还没有死。

天逐渐黑下来，邻居的孩子进来，请求借两个铜板给他们买灯油。我说我有钱。能够说我有钱，我感觉到很自豪。我走向墙去取我挂在墙上的那串钱，钱不见了，我的大烟鬼早把钱拿走了。

我们数过的，那个时候，二十四个铜板可以买一两鸦片。我知道除非鸦片抽完了，否则我们见不到他。墙上那串钱还有三十个铜板。

邻居的女儿只好向其他的邻居借钱买灯油。那个年头，大家手头都紧。她还帮我借钱，东借借，西凑凑，最后她给了我满满的一小酒碗的灯油，我把灯芯靠在碗边放好。

我守着孩子和老人坐着。而他的儿子，我孩子们的爹仍然没有回来。灯油烧尽了，我们坐在黑暗里，老人却一下子清醒了。

“我要上炕。”

我对他说：“你先是要下炕，现在又要上炕。”

但是他仍然叫道：“我要上炕。”

我去找邻居帮忙，告诉他们老人要上炕。我去喊人的时候，她们答应了，人却没有过来。第二天，邻居告诉我，她男人不让她来，他告诉她霍乱会传染人的。

老人还在喊叫，告诉我让他上炕。我说：“你没有力气。”但是他坚持要上炕。于是我从他的肩膀下抱着他，开始帮助他朝着炕的方向挪动。当我们挪到炕沿时，他突然瘫倒了，一半身子倒在炕上，一半身子还在炕外。我喊叫他，他没有回答。我去邻居家要些灯油，我要了好几家，终于要够了可以照亮的灯油。我回到家，他已经死了。他是刚才靠着炕沿时死在我的怀里的。我放声大哭，我是为死人而哭，但是邻居没有人过来。我把两个孩子带到院子，把两扇里屋的门板装回去，关上门。我再关上房门，我怀里抱着两个孩子坐在院子里。他死了，我不难过。

天放亮的时候，本来应该守在这里的人回来了。他走进院子时，我没有跟他打招呼，邻居们也没有跟他打招呼，我们都对他太生气了。

然后他喊道："爹，爹，你好吗？"

我们几个没有人理他。

他又说："爹，爹，你死了吗？"

我的邻居非常生气，她说："不，他没死，他只是不喘气了。"

后来我帮他把老人安放在门板上，头朝南，我们给老人蒙上了脸。然后我孩子的爹便出去讨要棺材钱。姑姑仅给了他一千文钱，两小串。那一年我们真倒霉，姑姑也生病了。他讨了三天，没有要到钱。姑姑给他的钱也没有了，仅剩下三百二十文钱。尸体放在门板上，肚子肿胀，恶臭熏天，没有人能在屋里待住，院子里也待不住人。因为我们不能弄到钱买棺材，最后我们给老人身上盖了一领席子用门板把他抬出去了。我们用这三百二十文钱雇了两个男人，加上老人的儿子共三个人，他们三人把老人抬出去埋葬了。

我们把老人埋葬在宁家的家族墓地。我们搬到城里住以后，我们自己家的墓地就被卖掉了，墓地是不应该被卖的东西，但是，那些抽鸦片的人知道什么是忠孝，什么是羞耻？在家祠里，孩子爷爷的名字记在了家谱里。家祠有附属的土地，土地的收入用于维修家祠，家祠可以得到很好的维护。土地的使用权和维护家祠的事情由族人轮流负责，每一年交接一次。在家祠大院里，在二月和八月分别会举办两次规模盛大的宴会，院子里搭建好凉棚，全家族的人都聚集在一起吃一顿大餐，在祖先的牌位前也摆上丰盛的菜肴，当着祖先的“面”，活着的人一起吃顿饭。我们没有去，我们太穷，轮不到我们管理这些土地，我们也不参加聚餐，但我们还是宁家的人，我们还可以被埋葬在家族的墓地里，我们把老人葬在了他的祖先们中间。

我哥哥走的时候是六月，他在九月回来了。他没有新衣服，还穿着走时穿的那套衣服，一件白色的棉布上衣和一条白色的棉布裤子。衣服上的污垢比衣服还厚。他在芝罘没有朋友，因此没能找到工作。我见到哥哥时，告诉他没有必要那样偷偷摸摸地走。他因为这样待我，心里觉得不安。我姐姐没安好心，说不出什么好话，她说他该考虑成家了，因为他现在三十岁了，如果他要养活我和我的孩子，那什么时候才是头？

我哥哥那个冬天留在家里，他像过去一样帮助我。然而，在春天，哥哥去了满洲的金州投奔宋庆将军，在宋将军手下当兵。我们再也没有收到哥哥的消息。我哥哥到达了满洲，当时我们与日本人、英国人和俄罗斯人经常打仗，还有清朝出兵镇压回民叛乱。我想哥哥是宋将军队伍里的一名士兵，他应该是死在某次战斗中了。

我娘去世一年后，我准备了一根棍子和一只碗，开始出门乞讨。那是一年中的春天，我二十二岁。对于一个女人来说，走出自己的家不是一件小事，这就是我忍受我那个大烟鬼男人那么久的原因。但是现在，我在家里活不下去了，我不得不走出去。因为我感到羞耻，我去要饭的时候，我会去城里没有人认识我的地方要饭。我走的时候，打狗棒（乞丐用来赶走狗的小棍）塞在袖子里，人们看不到我的打狗棒。我们每天出去要饭，我男人抱着小闺女，我领着满子。当我们来到一户没有关门的人家时，我会让满子进去，因为小孩子比较容易打动人的善心。

后来冬天到了，大雪纷飞。雪连下了三天，我们没法出门要饭。两个孩子的嘴唇焦干，邻居给她俩一碗稀粥。我穿上三双鞋，每一双鞋都破得不能遮住我的脚，我再没有裹脚布了，我的脚正在张开。我套着三双破旧的鞋，走到那些来自大洋对岸的传教士家的后门。

这些外国人住在难看的大房子里，房子建在观音堂寺庙的旧址上。而我小时候曾经住在观音堂的隔壁。

人们传着有关外国人的可怕故事，大家都信以为真。他们说外国人会分发一种诱惑人的药品，外国人会迷惑人，被迷惑的人会在半夜起来去找他们。外国人会抓人，他们把抓到的人送到狗头国，在那里他们根据体重把人卖了换银子。

一天，有一个女人坐在集市上。这个女人跪坐在那里，双手合拢放在大腿上，她的头垂得很低，坐着不动。她坐了很长时间，终于有人对她说：“你为什么坐着一动不动呀？你睡着了吗？”人们这才发现她死了，她的两只眼睛和两只手上都分别贴着一块红色的膏药，人们仔细查看，发现她的眼睛都被挖掉了，两只手也被穿洞，她的心脏也被掏走了，人们说，这一定是外国人干的。

但是当时我知道得很清楚，我知道那些外国人是一些心地善良的人。一天我正在要饭，感觉很心酸，内心酸楚的时候，我看见一个老太婆在街上要饭，她正在用手和膝盖爬行，像一个四只脚的动物一样。我内心大为震动，心里平静了许多，至少我还有两条腿可以站起来走路。

这个老太婆原本家境不错，有自己的房子。她男人死于肺痨，于是她为一些官户人家做针线活。她还曾经随着某个官户人家去过九个省，任何针线活都会做。她曾经有一个儿子，她送儿子上学。她依靠做点心给儿子付学费，一次付五个或十个铜板。她为儿子娶了媳妇，儿子也死于肺痨。老太婆原想依赖孙子养老，可是这个孙子很不成器，他娘也不是个东西，他们一件一件地变卖老太婆的东西，除了一副眼镜，什么都没有给她留下。她戴着这副眼镜才能看见针线活。

“把眼镜给我。”儿媳妇说。

“可是，我干活的时候用什么看东西？”

儿媳妇从老太婆的脸上一把抢走了眼镜，还打老太婆的后背，然后扬长而去。儿媳妇带着儿子一起住在集市上。

老太婆现在无法挣钱养活自己了。她没有钱付房租，被赶出了房子。她睡在寒冷的地方，两条腿逐渐被冻坏了。

这些是我在几年以后从一位老朋友那里了解到的。我的朋友住在靠近大理石桥的鼓楼。老太婆过去常常睡在她家门口。我的朋友对老太婆很好，给她钱，对她说话和颜悦色，催促她离开她家。朋友担心老太婆死在自己家门口，她的孙子会让自己负责。这个孙子是一个不讲理的人，如果老太婆死在我朋友家门口，她的孙子就会声称她的死亡是由我朋友造成的，会有打官司的风险。如果仅仅是给钱埋葬老太婆都算是轻的。

老太婆从大理石桥旁跳了下去，主大街靠这座大理石桥跨过画河，画河水直通到上下水门。她想要死。我见过桥下的老太婆，佝偻着身子，非常遭罪，人们围过去看她就像看戏一样。一个外国女人可怜她，把她带回家，为她清洗伤口。老太婆在传教士家里住了很多天才去世，传教士安葬了她。这真是善良勇敢的行为。老太婆头皮上全是虱子。

在大刀会和义和团运动之前，外国人的话在中国没人当回事。在那之前，外国人会受到迫害。他们出去布道的时候，人们会向他们扔石头。如果他们像现在这样开坛布道，人们早就把它拆了，蓬莱人特别排外。

我知道这些外国人是行善的。我脚上穿着三双破旧的鞋，踏过厚厚的积雪来到这些外国人住处的后门，他们的厨师给我一包碎面包、一小罐米和一小罐面。这是我第一次见到厨师老韩。我又去向其他的传教士乞讨，他们给了我一些粮食，还给了我孩子一件暖和的外套，我们回到家，有东西吃。

7

小闺女（1889）

我们吃光了外国人给的食物后，我们又像以前一样出去要饭。一天，我正沿着路走，一个男人叫住我。

“你姓宁吧？”我加快了脚步，把打狗棒子往袖子里使劲塞了塞。我现在走在我们家人住过的那一带地方。我已经搬回了老家住的地方，我不愿意自己被人称作乞丐而让邻居们感到羞耻。

“不是有一个男人姓宁，叫某某吗？”这个陌生人继续问道。我说我完全不知道他在说什么。然而那人说：“我听说这么个人，正在讲价格要卖孩子。”

我当时年轻没有经验，心里想：“他真想卖掉我们的孩子吗？”

回到家后，我问他。他笑着说：“他们一定是那天听到我说的笑话。”

我相信了他，那个时候我既年轻又单纯，我只有二十二岁。

冬天，城里的有钱人搭起了席棚，在席棚下他们施舍稀粥给穷人。我们每天都过去领一碗热乎乎的稀粥。因为他带着清雅在城里的一个地方要饭，而我带着满子在城里另外一个地方要饭，我们会在粥棚见面。

一天，我男人像往常一样把小闺女递给我，说：“喂喂她。”一个粥场管事的人正好看到这一幕。

“那个人是你的男人？”管事的人问。我回答说是的。

“他正在设法卖这个孩子，他告诉人家，说孩子娘去年七月去世了。”

“哦，那是他用来要饭时说的话。”我说。但是，我心里开始怀疑：他是否真的想背着我卖掉我们的孩子？

一天，地面因为雪融化而湿漉漉的，我发现即使三双鞋也盖不住我的脚，脚还是露着。

“你待在家里。”他说，“我去要饭吧。”他像往常一样把孩子抱在怀里。“你在家等着。”他说，“我会带吃的给你。”

我和满子在家里等着，白天过去了，天渐渐地黑了，他还是没有回来。天很冷，我解开衣服，把满子裹在怀里给她取暖，他还是没有回来。

我们躺在黑暗中，那个冬天我们家里没有灯，我们没有钱买灯油。我听到更夫打了三更，知道已经过了半夜，他依然没有回来。

后来我听到他推开门的声音，跨过门槛时还被绊了一下。他浑身饱浸了鸦片，行动不稳。我在等他像往常那样说："来，抱过孩子去喂喂她。"但是我没有听到一句话，听见他把什么东西重重地扔在炕上。

"哎，你把孩子摔得要断气了，把她给我。"

他还是一言不发。

"怎么了？给我孩子呀。"

只听见他咕哝了一声。

"点上灯，我告诉你怎么回事。"他说。

"这屋里没有习惯点灯，你不认识我，还是我不认识你呀？还非得照着亮说话？说吧。"这时，他划着一根火柴，我没看到孩子，只有一个袋子，是一袋地瓜。

"我把她卖了。"

我从炕上跳下来，我完全忘了满子，我揪住了他的辫子，把他的辫子在我胳膊上缠了三圈。为了我的孩子我跟他拼了，我们滚在地上打。

邻居们过来了，劝我们冷静下来。

"如果孩子还没有离开城里，我们可以拦下她，我们会找到她的。"邻居们说。

于是我们开始搜寻。我们整整找了一个晚上。我们穿过鼓楼找到了城南，又往北转到了闹场（察院）。我们在城内转了一大圈，走在路上，我的手一直揪着他的辫子，让他无法脱身。

我们找到了一所房子。孩子爹上前敲门，几个男人来到门口。这里是人贩子的窝点，这些人贩子大量买进女孩，把她们卖到其他城市的妓院。他们的交易是非法的，如果他们被抓住，会被送进监狱受到惩罚。他们不敢让我吵闹，我偏偏放声大哭，邻居都围过来。于是这个贩卖女孩的人贩子说了一些软话。我的邻居说："他说到要做到。既然我们找到他，我们会找到孩子的。"但是我的孩子不在这所房子里。

"带我去找我的孩子。"我要求道。人贩子答应了我。于是在黑夜里我们再一次出发，深一脚、浅一脚地穿过一条又一条的街道。这时我的一个脑子更灵光的邻居说："你为什么还抓住他？他现在没有用了。"我男人的辫子还缠在我的胳膊上。"抓住他的辫子，这样他跑不了，就他知道孩子在哪里。"

于是我松开了我男人的辫子，一步跨到人贩子的身边，揪住了他的上衣衣襟。"你为什么抓住我？"他说道。

"这样你就不会逃跑，我不会再失去我的孩子。"我男人趁着黑溜走了。我们还继续走，我们走到了一条窄小胡同的入口。

"你留在这里。"人贩子说，"我进去叫他们。"

“不。”我说，“你去哪儿，我就去哪儿。这是个什么地方，我不能跟你一起去？”

当他说这是一个住家时，我说：“一个住家！如果你一个男人可以进去，我一个女人也可以进去。即使这是一个光棍窝，我也还是要进去找我的孩子。”在我们沿着胡同走向大门的时候，我紧紧地揪住他的衣襟。他敲门，我仍然揪着他。

开门的男人两只手拉着两扇门，以防任何人进去。他还没来得及阻拦我，我弯腰从他胳膊下钻进去跑进了过道，我穿过院子，呼叫着：“清雅，清雅。”孩子听到我的声音，知道是我，回应我，于是我找到了孩子。这家的女人还企图把我的孩子藏在她宽大的袖子后面，但是我把她推开了，把孩子抱在自己的怀里。门口的那个男人把门闩上了，说我不能离开。

“那么，”我说，“我就留在这里，我的孩子在我怀里，我们娘俩一起死在这里吧。”我抱着孩子坐在地上。

邻居们围过来说话了，他们说：“没有孩子娘的同意，孩子不能被卖掉。”人贩子说我男人说我开始不同意，他向人贩子多要了五百文钱，人贩子先付给了他三千文钱。他仅仅为了三千五百文钱就把我的孩子卖了。

人贩子试图吓唬我。他们说要把我们娘俩都卖了收回他们的本钱。那时我还年轻，很好卖。但是我说：“不行，我家里还有一个孩子，我还得去找那个孩子。”所有的邻居都开始说话，他们说我有另一个孩子，我必须回家找她。人贩子说他们一定要拿回他们的钱。

“我们去拿回钱后你才能离开。”人贩子说。但是最后我们所有的人一起出发了，我抱着孩子，人贩子跟着我去要钱。他们点了一盏灯笼，灯笼在脚下给我照明。

这时一个脑筋转得比别人快的邻居说：“今晚天气冷，路又远，我们已经走了很远了，让我抱着孩子吧。”

我说我身强力壮的，可以自己抱着孩子。

但是她又说：“我的外衣比你的外衣大，我可以把孩子裹在衣服里面，保护她不挨冻。”于是我把孩子给了她。她走到了前头，当人贩子只顾着为我脚下的路照明时，邻居抱着孩子逐渐消失在夜色中。当我们到家时，邻居带着孩子也在那里，但是我的老烟鬼不见了。这位邻居知道我男人会花光所有的钱，他没法付钱给人贩子，人贩子弄清这个情况时，他们会把他带出去毒打一顿，于是她走在前头去提醒他，他就趁黑溜掉了。这位邻居帮助我让孩子平平安安地回到家里。

这场风波就这样过去了。

我男人保证不再卖孩子，我相信了他。

老辈人告诉我们，对一个女人来说，她的男人比她的父母更重要。他们说，一个女人的生命只有部分时间是和父母在一起的，但是她和男人是永远在一起的。男人也觉得他是最重要的，如果婆娘对她的男人不好，会遭到上天的报应。

我男人下巴下支棱着两条腿，垂着头坐在炕上。他突然抬起头来，不抬眼皮地对我说：

“嗐，为什么你不想个法子？为什么你不想个法子为我们弄点吃的。”

我回答：“我能做什么？我的家人没有钱。我又不认识什么人。”

最后他爬起来出门去要饭。

大家劝我离开他，再找一个男人，去做贼或去当妓女。我的父母虽然没有给我留下任何其他东西，但是他们给我留下了一个好名声。我为了他们也不能败坏这个好名声。

那个年代的社会风气和现在的不一样。那时候妇女是没有自由的。我还是和他在一起。

我们又过了一年，靠要饭和在公共食堂喝稀粥过日子。

孩子爹在这段时间表现挺好，我认为他已经吸取了教训。他承诺再也不卖孩子，我相信了他。后来有一天，他又把小闺女卖了，这一次，我没有把闺女找回来。

我小闺女第二次被她爹卖的时候是四岁。他没有把她带回家的时候，我知道他做了什么。我说我要上吊，我还要吊死满子，我们母女俩要死在一起。心中极大的痛苦和愤怒使我在地上打滚，我男人害怕了，他说没有必要上吊自杀。他带着我来到他卖给孩子的那户人家。

这是一个官员的家，这个官员有两个老婆。大老婆有好几个子女。但是小老婆没有孩子，她曾经是一个妓女，但她是个好女人，正是她买了我的孩子。她来到院子里见我，同我说了很多话。她说："你怎么能靠要饭养活两个孩子？你的男人不好，你知道这一点。我不会把你闺女当丫鬟对待，我会像对待自己的孩子对待她。她和我在一起比和你在一起不是更好一些吗？如果你把她带回去，他不会再卖她一次吗？当你想来的时候还可以随时来看她呀。"

我知道她的话是真的，于是我离开了。

他第一次把闺女卖了三千五百文钱，我不知道他第二次把她卖了多少钱。

我去看望我的小闺女很多次，我看到他们对她很好。

我小闺女七岁的时候，这家人离开了蓬莱，我再也没有听到他们的消息。一直到我的外孙女长成半大孩子，我才又听说他们一直对她很好，他们把她当闺女抚养长大，教她做精巧的刺绣，还把她嫁给了一位年轻的水果商人。她在那一家被照顾得很好，但是我再也没有见到她。

因为我男人卖了小闺女，我离开了他，我带着满子走了。我告诉他，他过他的日子，我过我的日子。他住在我租的房子里，但是我不回家了。房子的租约到期后，我不再管了。他想住哪儿，随他去吧，他从一个鸦片馆搬到另一个鸦片馆住。我教女儿满子看到他就跑，然后藏起来，要是他也要卖她呢？我不会和他住在一起。

乞丐的生活不是最艰难的，很自由。今天或许吃不饱，但明天会多一些吃的。无所谓脸面了，每一天要到什么就吃什么。城市的风景对于乞丐是免费的。庙会上挤满了欢乐的人群，糖果架子上插着随风摆动的小旗子。陀螺转动，发出刺耳的声音。还有空中绚丽的彩虹，女人的衣着鲜亮，香在大殿前被点燃，又被堆放到铁盆里，火苗蹿得老高，赶庙会的时候是乞丐们收获的时节。戏台上演着戏，没有一个女士能像乞丐那样离舞台那么近。女士们要维持自己的庄重，必须坐在封闭的车上或者是坐在茶座里的人群边缘。春节期间，除了女乞丐，没有其他女人能看到地方官员，穿着锦袍，骑着马来到城中寺庙的祭坛上献祭。

中午时分，乞丐们纷纷来到粥棚，这里是所有乞丐聚集的地方。在这里乞丐们能找到伙伴，这里有热乎乎的食物，大家相互寒暄，彼此亲近。没有未来，但是也没有忧愁。一句古老的谚语这样说："要饭两年，给个县官都不换。"如果乞丐不生病，情况还真是这样。

但是我不再当乞丐了。一年来，我到处要饭，但是我一直住在自己的家里。现在我不能住在自己家里，我必须"出来"了，即使我们家以前从来没有女人"出来"过。

第二篇

做女佣的岁月

8

在武官家（1889—1896）

我领着满子，来到一个寺庙，这里每天都有城里的有钱人施舍粥饭给城里的穷人，乞丐们在这里乞讨；那些利用穷人赚钱的人也在这里聚集，孩子在这里被买卖。正是在这里，我男人卖掉了我们的孩子；那些牵线搭桥的中间人会来这里，需要佣人的家庭也来这里寻找。我牵着闺女的手，来到这里。我听说协台衙门的武官家里想要一个女佣，我去了协台衙门，成了那里的一个佣人。

我们离开自己家的时候，满子六岁。那天是

十二月十七。到了二十三，我的孩子生痘。老天爷该给的都给了。

主人身边有三个孩子。大儿子已经成年，不在家里住了。家里住着一个十五岁的闺女和一个十二岁的儿子，还有一个闺女和我闺女同岁，都是六岁。这三个孩子都已经种了痘。我女儿病得很厉害。

我对自己说："我被雇来要干活，怎么能待在这里照顾自己的孩子呢？"

于是我去找女主人说："我得回家。"

"你有什么，你还要走？"女主人说，"要给孩子取暖，你必须有松枝烧炕；要给孩子做汤，你必须有面。我会去跟主人说的。"

她是主人的第二任太太，是一个继母。孩子们都不是她生的，所以她不能做主，但是她知道怎样为其他女人的孩子着想。满子和主人的三个孩子都在炕上躺成一排睡觉，我被叫到主人的面前。

他说："我听说你要回家？"

"我还能咋办？"

"让我们等等看看吧。"

"这孩子的情况可能变得更糟。"

"等更糟的时候，我们再考虑吧。生死由命，我们不是有很多房子和院子吗？"他们没有让我离开。我和孩子搬到了院子角落的一间屋子里，远离其他人。

主人派了一个衙门差役去为我的孩子请医生，这个差役一边跑一边手里高举着一块红色的令牌。我孩子身上的痘大爆发，臭味难闻。医生给她把了脉说："只有一样东西能治好她，她必须要吃鲤鱼。"她的眼睛已经凹陷进去了，只有这样东西才能让她的眼睛凸出来。主人又一次派差役举着令牌出去了。差役从一个衙门跑到另一个衙门，最后在知府衙门的新年礼物中找到了鲤鱼。差役带回来了一条大鲤鱼，女主人亲自炖鱼熬成汤，她不顾孩子身上难闻的味道，把满子抱到自己怀里，她把鱼汤从孩子喉咙灌进去。主人的闺女握住我闺女的两只手，就这样满子度过了这场病灾。

我在协台衙门待了六年，他们对我非常好。主人会关心地问："你怎么不烧炕?"我给孩子们做针线活太忙了。

一天，主人的大闺女突然说："看，老爷正亲自动手给你生火呢。"

老爷已经卷起自己的皮毛衬里的丝绸长褂，抱着一捆松枝走到了炕洞口。大户人家的情况是这样的，炕洞口在窗户外面，不像在我们自己家的房子那样，炕洞口在屋里。主人正要给我生火。

我赶紧走出去说道："我怎么能让您做这些?"从他手里接过了树枝。

给两个年纪小的孩子缝缝补补是我的工作，给十几个人煮饭是我的工作，厨师负责炒菜和炖肉，洗衣服也是我必须做的事情，我还为其他佣人洗衣服，这样他们就不会不喜欢我。

我没有衣服可穿，在家里我穿着自己的旧衣服。如果我们出门去，女主人会借给我一件外套。

我孩子的爹来找过我，但是这里院子很多，看门的人把他挡在外面，他们说不认识我，所以他没有找到我。他一屁股坐在地上大喊大叫，呼喊我的名字，这让我觉得很丢脸。但是看门人说他们不认识我这么个人，大家这样来保护我。即便如此，当我听到他喊叫的时候，我还是躲在最里面的院子里。

我刚开始工作的时候，女主人叫我去找男仆人过来，或者给某个仆人传话，或者是带话给主人时，我又羞又怕，我从来没有和别的男人打过交道。

我的女主人说："嗨，你现在做事情，你害怕人？跟着主人，不用害怕。"她还对我引用了一句谚语："好女不怕人，好酒不会浑。"

我的主人刘副总兵是登州府守备军的第二把手。蓬莱城是登州府的府治所在地和驻军要塞城镇。蓬莱设有文武两套官员机构，文职官有知府，即登州府的最高行政官；臬台，即法审官；知县，即地方治安官；主、副考官以及礼仪官。武职官有镇台，即总兵；协台，即副总兵，还有守备。

我的主人是协台，当总兵王镇台离开蓬莱城的时候，我的主人要暂代他的位置。在这样的时候，衙门开饭时会有人演奏音乐，吹号声和打钹声是宣告主人回来了，饮酒、上菜时都要奏乐。

一年中有两次重大的祭祀仪式，分别在二月和八月，每一次都大约持续十五天。每天早上我必须在天亮以前起床，生火烧水给主人用来洗脸漱口，以便主人去参加祭祀仪式。在为主人准备这些事情的时候，我从来没有晚过。如果需要我叫醒主人，主人会在前一天晚上告诉我。

每个月至少两次，初一和十五，有时候会更频繁一些，我的主人要穿上官服，和其他官员一起去庙里祭拜。主人穿着刺满锦绣的官服，看起来十分气派。官袍前后都有一块官补，官袍下摆褶边是一圈波纹。主人的帽子上有红色流苏和一根孔雀翎，主人的级别很高，甚至让女主人有一根小小的孔雀翎。女主人出去参加一些公务活动的时候，她会把这根小孔雀翎系在发髻上，她的帽子上还要戴上一枚正式的顶珠。我的主人穿上全套的武官官服时，看起来最英俊。他穿着官服去审查来考军衔的那些候选人。当有高级官员要来蓬莱城访问，或者是要离开蓬莱城时，主人会穿着官服出城三里去迎接，或者是去护送这些高官。这时候主人穿着肩部宽大的盔甲，衣服前胸有刺绣，还戴着高高的头盔，他看起来气派十足。他擅长拉弓和舞剑，他做得比我见过的任何人都好，他的一招一式都很棒。他不是年轻人了，主人当时是六十四岁。他一表人才，身材高大，面色红润。

主人并不是生来就做官，少年时他是个猪倌，后来成了一名普通士兵。他既不会读也不会写，他会让管家读给他听，逗他开心。这样我听过许多历史故事和浪漫故事。他自己不会记账，女主人也不会，管家替他记账。

女主人不是他的第一个太太，她比他正好小三十六岁，所以他们两个的属相一样，都属鼠。十二属相与我们的命运有关。

女主人现在是二十八岁，她仅仅比我大五岁。自从主人的第一个太太去世后，她嫁给主人已经有五六年的时间，有人说主人在娶她之前两人已经相识，她来自一家鸦片馆。她是一个很好的女主人，对主人的孩子也是一个好母亲。但是她脾气急，为了一些小事她会骂人。她出身不好，但是本身不坏。

我们这些佣人当时都还年轻，大家都粗心，难怪女主人有时会生我们的气。我到她家的时候仅二十三岁，厨师仅十九岁，其他的女仆年纪大些，但是我们都喜欢玩。

主人年纪逐渐大了，不关心公事，他最喜欢玩有刺激色彩的游戏，还不能称得上是赌博的那种游戏，因为赌注从来不超过几个小钱，数目太小，都不够串起来日常买东西时花销。如果家里没有客人，主人会和司书以及下属军官一起玩。如果天气不好，下雨或下雪的时候，他们没有来，主人会叫女佣和丫鬟陪他一起玩："老宁，老宋，老潘，过来，我得有四个人凑一局。"——"老"是对仆人的称呼形式；主人们叫我们"老"是尊重我们。我们会过来和他一起玩。只要家里没有外人，仅仅是家人在家，我们会坐在桌子旁和主人一起玩。如果有人从外面进来，我们都会站在椅子后面，又变回了佣人。他会叫我们过去，我们回答他。

“我们还没有吃完饭呢。”

“快点吃。”他喊道。

这时，我们会说：“我们还没有刷锅。”

他会说：“不用管，不用刷。”

这时厨师和厨房跑腿的老王就不高兴了，因为这意味着他们要做更多的工作，但是我们几个要去玩。

一天，主人正在院子里坐着，这是一个长满鲜花和树木的大院子，许多工人、木匠和石匠正在整修，厨师在切菜，女佣们都在忙忙碌碌的。女主人正帮着主人的两个女儿裹脚，她甚至把她们俩绑在里屋，用温水给她俩泡脚，用湿裹脚布把她们的脚缠起来。因为脚太疼了，姑娘们大哭起来，她们的哭声使坐在花园里休息的父亲心烦意乱。这时坐在那里休息的父亲向前倾身，啐了一口，斥责她们说：“你们这些贱丫头，怎么不去死？”

虽然这些话是对孩子说的，他的太太明白这些话是故意说给她听的。我正在厢房里筛面粉，但是窗户开着，我能看见外面。即使现在，我还能看到女主人扭扭捏捏、优雅地走路的样子，她平常靠着一双裹得很小的脚支撑，总是那样走路。她两手端着洗脸盆从屋子里走出来，我以为她要倒掉洗脸盆里的水，主动要接过脸盆，但是她根本没有注意到我，她把洗脸盆端到主人面前，然后她说：“怎么，你家里有贱女人，你希望她们死？”

说话的同时，她把洗脸盆扔在主人的脚旁边。伴随着一声巨响，洗脸盆落地，碎成了许多块，水飞溅出来，裹脚布也飞向了四面八方。男人不应该看见裹脚布。

这场面非常有趣，我们都想笑，但是都不敢笑。

主人气得要命，他的脸涨得通红，甚至红到了脖子。如果他们是普通人，他们一定会打起来。但是因为他是官老爷，还因为我们这么多人在周围，他不敢打她，也不敢骂她。但是他心中的怒火太大了，他无法忍受，他跳起来，抓起他的鞭子，开始打狗，狗开始跑，这又吓坏了鸡，鸡吓坏了鹅，现场鸡飞狗跳。家里有两只狗、二十只鸡和一对鹅。狗狂吠着，鸡咯咯地尖叫，鹅也呱呱地凑热闹，我们都大笑不停，因为现在我们可以笑而不会伤害任何人的面子。

主人和女主人真的对我们挺好的。那时候我们年轻，经常粗心大意。因为年轻人做事儿不如年纪大的人做得好，当时有些人是不愿意雇佣年轻仆人的，但是我们主人的家里都是些很年轻的仆人。

一次过新年，我们正在做小米黏糕，有三十斤小米在锅里用慢火熬着。我们白天一整天都在干活，晚上还要熬一宿准备过年的糕点。厨师熬不住了，在厨房的炕上躺下睡着了。我又困又累，趴在厨房的桌子上睡着了。老潘正在灶下烧火，她倚着锅台打盹儿，每次她醒来看看柴火快烧完了，她就再添一根进去。很快，每次醒来她都再添一根木头到火里，不再看看什么情况。

结果厨房炕上的铺盖着火了，炕上毛毡被烧了一个大洞，褥子也烧了一个大洞，甚至被子也被烤焦了，锅里的面团都坏掉了，能吃的还不够一小碗。

女主人愤怒地责骂我们，她骂我们不中用，是一群没用的年轻人。她不停地辱骂我们。主人说："罢了，罢了，就这样吧，就这样吧。"

对于年轻人来说醒着不睡觉是很难的。我一直睡眠都很好。我不介意干多么累的活，也不介意起多么早，但是我讨厌熬夜。

有一天夜里，女主人因为抽鸦片比平时睡得晚。在通向院子的房门关好之前，我是不能睡觉的。因为除了主人我是唯一能把大门杠提起来把门顶好的人。

门杠是一根大约两米长的木棒，要把它横顶在由客厅通向院子的两扇门的大门上。每个人都在屋内并且准备要睡觉的时候，门杠要在这个时候顶上门。主人夫妻俩睡在客厅东边的房间，主人的三个孩子，还有我和我的孩子睡在西边的里房。每一排屋子在客厅两侧都有两个房间，客厅是一个大厅，这里有通向院子的唯一的出入口。

夏天的一个晚上，当时天气很热，年轻的女主人坐在我们睡觉的炕上做针线活，她看到我非常累，她是一个能熬夜的人，可以整个晚上都不睡觉，她对我说："老宁，躺下睡吧。等他们睡觉的时候我叫醒你，到时候你起来去把门顶好。”那是个大热天，所以我脱下上衣，只穿着裤子躺下了。我的主人心肠很好，在大家准备睡觉的时候，他亲自上好了门杠。关门的声音吵醒了我，我跳了起来，嘟囔着我得去上门杠。我睡迷糊了，跳下床，脱下了裤子，就像每天早晨我总是做的那样抖掉跳蚤，把裤子搭在胳膊上，我要出去上门杠。年轻的女主人一把抓住我的胳膊说：“老宁，你这个样子要去哪儿？醒一醒。”就这样，她避免了我赤身裸体地跑到主人面前。当我完全清醒明白发生了什么事的时候，我们笑得肚皮疼。

我在他们家的时候，碰上主人的大儿子结婚，我是去接新娘过门的女佣之一。要准备四把椅子，一把椅子给新郎，一把椅子给新娘，一把椅子给去接新娘的女傧相，一把椅子给新娘的伴娘，后面跟着一辆骡子车，车上坐着两个女佣，其中一个女佣就是我。

新郎从腰至肩斜挎着一条红色的绶带走进新娘家。当新郎出来的时候在另一个肩膀又多了一条。我们接新娘过门。新娘的父亲曾经担任知府，他的妻子打死了一个丫鬟，因此他丢了官职，回了老家。他很穷，但他不会把女儿嫁给普通人家，有钱人也不会娶他的女儿。所以他把女儿嫁给了我主人的儿子。通常情况下，我的主人是中级武官，他不可能为儿子娶知府这样级别的文官的女儿。

新娘被一个有身份的已婚妇女领进家里，安置到炕上，坐轿子时穿的礼服要脱下来，换上自己的漂亮衣服，她谨慎、规矩地坐在炕上。这个时候，所有参加婚礼的官员都要进来闹新房。尽管是些官员和文人，但是他们闹洞房像普通百姓一样，闹了大约两个钟头，他们戏弄新娘，从中取乐。

到了半夜，住在下房的仆人们要去“听房”。老辈人说，结婚的第一个晚上一定要有人在新房外听动静。他们说如果人不听，那么鬼怪就会来听。听房应该由平辈的人来听，比如由兄弟和堂表兄弟来听。但是，因为新郎家在蓬莱没有亲戚，便由我们来做这件事。我们三个女佣按照风俗，偷偷地走到新房的窗户外面，听听新郎和新娘相互之间可能说些什么，如果可能，还可以窥探房内的情况。老潘的脚和男人的脚一样大，她担心弄出动静，所以走路很小心，她一次一下地把脚高高地抬起来，再慢慢地放下，摸索着走路。她的样子让我忍不住咯咯笑起来。我是一个笑起来停不下来的人，我把衣袖塞进嘴里要止住咯咯的笑声。但是她们两个也发出呼哧呼哧的喘气声和嗤嗤的笑声。我们为了保持安静反而弄了这么大的动静，屋里正在干什么我们自然一点都没有听到。而且窗户纸也被弄破了，我们通过戳破的洞往屋里看，什么也没看见。

这个少奶奶非常喜欢享受，她有一个厚厚的褥子，她会一整天躺在褥子上抽鸦片。她嫁进来之前就有抽鸦片的习惯，她的丈夫也有抽鸦片的习惯。在那个时候，在某种程度上人人都抽鸦片，但是这位年轻的少奶奶比一般人抽得更凶。她躺在那里，让我们在她身边伺候，往往要很久。她凡事都需要伺候，什么好东西她都应有尽有。

多年以后，老主人年老不再担任官职而回了老家。她的丈夫，大少爷跟随着将军去了南方，少奶奶的鸦片瘾很大，她像普通女人那样上街为自己买鸦片。她为了抽鸦片，把两个儿子送出去做佣工。她总是抽鸦片。老主人听说她这种情况，派人把她接回老家，我不知道她后来还发生些什么事情。

那是一场非常盛大的婚礼，场面十分壮观，可以看到城里所有的官员都穿着带刺绣的官服赴宴，一队接着一队地穿过街道，每个官员的前面都有队伍鸣锣开道，号角齐鸣，旗帜飘扬，每个轿子的前面都有一顶华盖，官员的妻子配有相同的阵势。

一天，衙门内发生了一场激烈的争执，有人说我是争执起来的原因。少爷叫我“滚蛋”，这是一种令人不能忍受的侮辱。他说我是个坏蛋，我应该滚开。老主人替我说话，他问少爷为什么我是坏蛋、应该滚。少爷、少奶奶和女主人打起来了，他们打了一个通宵。老主人不敢进内院，那天晚上他睡在了外院。但是后来他们把事情讲开了，中国人就是这样，如果一件事说开了，就不会再有芥蒂。我继续留下来，他们也没有朝着我使脸色，且像以前一样对待我。

事情的经过是这样的：少爷喜欢找妓女，少奶奶并不介意，她甚至鼓励少爷这样做。一天晚上，少爷邀请一个妓女来到内院荡秋千，秋千安在内院。我在女主人的房间里，我对她说："到窗户这边来，看，是春花在荡秋千。"女主人把春花叫进屋里。女主人的房间里有炕，还有几把椅子，但是女主人指着一张凳子说："坐那儿。"春花坐下了。然后在隔了一段时间以后，少奶奶把春花让到了一把椅子上坐下。我的职责是侍奉茶水，但是女主人没有吩咐我，所以我没上茶。这时，少爷亲自给所有的人还有春花上茶。然后作为惯例，春花要在喝茶前给房间所有的人敬茶，她给女主人敬茶、给少奶奶和少爷敬茶。她也请我用茶，这使得少爷突然非常生气："我们家的女佣太高级了！她们怎能接受客人敬的茶。"我没有看到春花给我敬茶，我没料到她会这样做，所以我一直没去看她的举动。少爷是拿我当借口和他的继母打架，但是这太难为我了。

女主人倒是说对了——"我的脾气不好"。我在这里干了四五年，女主人对我非常好，我永远不会忘记在满子生痘的时候她对我们的照顾，但是我从来不能忍受被人骂的次数太多。一两次我还能忍受，太多了可不行。我有个硬嘴，但是我努力把握着分寸。有一天，女主人非常生气，她骂我，我骂了回去。

我说："你是太太，夫人，我是个下人，我没本钱跟你比。"我的回嘴让她更生气，于是我和她吵了起来。

我说："我们算算账吧。"我问她是否已经找好人了，所以要撵我走。

她说："如果你有个好地方，那就走吧。"

"如果我没有地方去，我去要饭。"于是我离开了。

我是在五月离开的，八月时我又回来了。主人看见我。

"你过得好吗？"

"老样子。"

"回来吧，我会给你加钱，我们原来给你的钱不够买衣服。"所以我回去了，他一年给我四千文钱，当时正常的工钱是六千文钱，但是我带着孩子。

于是我在这里又住了一年多。女主人还是骂我，我还是不让她骂我。

她会说："我找人叫你男人来，跟他说说，看他是否能让你明白点。"

"契约是和我定的，不是和他定的。"我说。她知道我男人是个大烟鬼，我这样让她更生气，她又一次说我嘴硬。

"如果走了，你不要再回来了。"

"如果我走出这个门，我不会再进来。"

我全部的钱大约四寸长，大约两百文钱的一串。但是我有孩子，我心里很平静，于是我离开了。我去找我姐姐，但是她也很穷，不能让我住的日子多了。我回了家，但是我男人和以前一样坏，当他不抽鸦片的时候，他编篮子卖。他有时在家，有时不见人影。有几天我找到活干，有几天我出去要饭，我该怎么办？

9

日本人来犯（1895）

我跟女主人吵架的时候是九月，那一年是光绪二十三年（译者注：此处的时间描述有问题，但原文即如此，故未改。），到了腊月二十三，我去守备衙门帮着忙年，守备衙门为准备过年需要增加额外的帮手。我记住了这个日子，因为根据习俗，这一天是家家户户在自己家里祭灶的日子。灶王爷贴在锅灶的上方墙上，监视着这家人一年来所做的一切。我的职责之一是准备好甜的黏糯糊涂抹在灶王爷的嘴上，哄灶王爷高兴，当他去天庭到天老爷和天官面前时，他会只说这家人的好话。

守备姓尹，家里有一妻一妾和一个儿媳妇，有两个儿子，妻妾俩人各生一个。一个儿子早年在省城订婚，但是尹家不肯派人去接姑娘过门。最后姑娘的家人用手推车把她送到蓬莱交给了尹家。尹家对待这个姑娘像对待女佣一样，他们不肯给姑娘和自己的儿子办婚事。尹家对外人说，风水师没有找到良辰吉日，没有日子适合他们俩的八字。后来姑娘怀孕了，才匆匆忙忙地举行婚礼。他们把姑娘藏起来，他们不想丢脸。孩子出生后，尹家不承认这个孩子，他们把孩子送人了。

我在守备衙门帮忙的时候，日本人来了。日本人是在腊月的最后一天来的。

日本人的船只开进了港口，他们从船上发射炮弹。我清楚地记得我们第一次听到炮声的那一天的情景。那年冬天，地面上的积雪很厚，有三尺深。每天早上我去衙门帮忙准备过年，晚上我返回自己家。当时有一个裁缝正在给女主人做衣服，外面的男人是不允许进内院的，但是因为让裁缝进来更方便女主人监督他剪裁，裁缝被安排在内院的客厅里干活，我也在这个房间干活。裁缝对我说："中午过去很长时间了，你从来不在衙门吃饭吗？"

我告诉裁缝，像所有的衙门一样，这里一天只吃两顿饭，而不是像我们在自己家里那样吃三顿饭。主人们觉得饿的时候，随时供应午饭。我们觉得饿的时候，允许我们吃些馒头，我们一直都有足够吃的东西。我们俩正在说话时，我们看到了厨师出现在二门，二门通向女眷们住的地方，厨师一只手端着一碗米饭，另一只手端着一盘肉送给裁缝。就在这时，我们听到了巨雷般大炮的轰鸣声，听到炮弹从我们头顶上飞过，“嗡、嗡、卡啦、卡啦”。

厨师把饭菜丢在脚下直接跑了，裁缝也不再等等看是否还有饭菜送过来，丢下剪子和尺子跑了。我告诉女主人我必须回家找我的孩子，她让我走。这个时候奶妈上来问：“我怎么办？”

但是女主人说她必须留下：“你在喂我儿子，怎么能离开？”

男人们跑来跑去喊着：“给马套上鞍子。”

守备衙门在鼓楼附近，位于从北城门通向南城门的主大道上。城里所有的人似乎都在设法去南城门，逃得离北边海里的炮艇远点。裹着小脚的姑娘们，生活中从来不上街的年轻的媳妇们，她们行走在厚厚的积雪里，哭叫着，哀号着。这是年前最后一个大集，这是春节的前一天，满街都是小贩，小贩倒空了篮子里的货物，他们唯一的想法是拉着他们的骡子或者是驴出城，离开这里。各式各样的食物摆在街上，但是没有一个人停下来去拿。所有的人都向南走，而我却要往北走，我要回北城门附近的家。我奋力挤过人群，我被撞倒了，我爬起来挣扎着继续往家走。

当我到家时，我发现满子已经哭得两只眼皮肿得有平常两个大，她哭叫着："娘没回来，娘没回来。"

我把满子抱在怀里，我们死活都要在一起。满子爹也回家了，他一直在外面想法卖他的篮子，但是他发现街上的店铺都上了门板，他又把篮子带回家。

我带着孩子回到了守备衙门，在那里我发现女主人已经逃难去了城里的一户私人家里。主人把一些粮食、面、肉和菜装进篮子里，把这些东西给了我，这样我有食物跟我的家人过年了。主人还给了我一些钱。我又往家走，在往家走的路上，我看到传教士伯恩斯先生的屋顶飘扬着一面白旗。

大家都说日本人的船已经开走了，没有再开火。我回到家，开始准备过年的食物，我包了饺子，除夕晚上我们吃了饺子。蓬莱人的风俗习惯是，人们在新年的早晨五更时分起床，再吃饺子迎新年。我把头一天晚上煮的饺子热一热吃了。吃完饭，我拿出象棋，根据每个棋子出现的顺序，来预测新的一年的运势，每到过年我都这样做。

"嗡、嗡、卡啦、卡啦。"我们又听到了这种声音。

"一定又是那些大炮。"我向院子对面的邻居喊道。

"哦，今天是大年初一，一定是有人放爆竹。"

"谁会这么蠢，在这个时候像这样放爆竹？"我说。我走到院子，看到老韩，老韩是一个为传教士家做饭的厨师，他正在传教士家那二层楼的楼顶上，手里拿着望远镜。

“你在看什么?”我问道。

“船，又来了三艘。”

“快,”我对家人和邻居说，“我们快跑去北城墙下的房子吧。”在北城墙下有几间土坯建造的房子，我感觉那里厚厚的城墙可以保护我们免遭炮弹的打击，所以拉着满子，我们准备要走。

“快点，大姐。”我对邻居说。可是，邻居刚刚把饺子下到开水里，她恳求我等她吃完饺子再走。我们勉强吃了几个饺子，但是饺子不好吃。邻居在去北城墙的路上，一路上高声抱怨:“我一年才做一回饺子，现在也吃不成了。”

然后我们拽着满子的手，跑着穿过覆盖着雪的田野，满子刚裹脚，脚疼得厉害，她哭叫着说她没法继续走了，我们俩人拖着她走。

在路上，我们遇见了伯恩斯先生，他手里拿着望远镜，打算去城墙上看船。就在这时候，一颗巨大的炮弹从我们头顶上飞过，伯恩斯跑回了家。后来听人说，伯恩斯先生带着一把锯和一把斧子和家人一起躲进了他家房子下面的地窖。

我们来到城墙下的房子，这里有那么多的人，没有地方坐下，人们挤得紧紧的。人群中传来一声喊叫，说有人需要救命。一个老太婆跳进了井里，她的儿子和儿媳已经逃走了，留下了她，所以她跳进一口井里。大家忙乱了一阵子把她从井里救上来，接着，我们发现老太婆浑身湿透了，很有可能冻死，所以我们给她找来了干衣服，又在炕下生火，过了一会儿，她才从冻僵的状态缓过来。这时有人报告船已经开走了。我们所有人又都回了家。

我们家的后墙被震倒了，蓬莱城里实际损失并不太大。但是当时没有人知道日本人只会在城市的上空发射几枚炮弹。对于许多人来说，那是一个非常可怕的时刻，人们在风雪中翻山越岭向四面八方逃窜，甚至有婴儿出生在雪窟窿里，还有人被冻死了。

我想总共有七八个人被炮弹炸死。日本人没有登陆，他们仅仅是试图恐吓我们，这样中国军队就会被派遣到蓬莱，给日本人机会去攻占威海卫。对日本人来说，在蓬莱登陆一定是非常困难的，港口太浅，冬天太暴露。但是我们不知道这一切，我们都被吓坏了。炮弹从我们头顶上飞过来，落在我们的房子上。一个老太婆坐在自己家的炕上，被一个炮弹炸成两半。

大家都说日本人在正月十五还会来。我决定去小皂村躲一躲，在那里我在一个亲戚家住了几天，我称呼她大嫂，她不是我的近亲，我们的亲戚关系已经出了五服，关系挺远，如果她家里有人去世，我应该不用戴孝。这么远的关系，我也不适合在她家久住。过了正月十五，我回到了自己的家。

现在我没有了事做，当守备老爷给我的食物都吃完后，我不得不出去乞讨，我领着满子在街上要饭。我能怎么办呢？我乞讨，还设法攒了两百文钱。我告诉姐姐我要去芝罘。在芝罘肯定有更多找到事做的机会，但是实际上我不想走。我拿着两百文钱，和满子一起出发去芝罘。在那个时候，两百文钱可以维持我们好几天的生活。我们走了一整天，也没走出蓬莱城。我们游荡了一圈又一圈。我不想离开。我一边走一边乞讨，一边走一边哭。哭着讨着，我们来到守备衙门的大门。每个衙门外面都有几块大石头，给骑马的人用来上下马的。我坐在一块上马石上，让满子进去要饭。

我坐在那里的时候，一个女佣出来看见了我，她问我正在干什么，我羞于说自己在乞讨，所以我说我要去芝罘找事做。她问我为什么不在蓬莱找事做。我说带着一个孩子找事做不容易。她让我等一等，她听说城里来了一个新官员，他家里需要一个女佣，我说我听说他们已经有一个了。

“没有。”她说，“他们曾经有一个，但是她害怕放礼炮，离开了。”

那时候在大衙门，无论是主人外出或者是客人来访，还是晚上打更的时分，都会放三声礼炮。由于这位官员是蓬莱城的主要官员之一，他的衙门里来来往往的客人很多。守备衙门的女佣告诉我，她会为我去打听打听，我隔一天再回到这里来听消息。

我回到了姐姐家。姐姐说：“你怎么回来了？”

我告诉了她事情的经过，又在她家住了一天。第二天，我把满子留在姐姐家，我来到守备衙门门外的上马石处，那个女佣告诉我，他们可以接受我，但是他们不接受我的孩子。女主人有几个小丫鬟，她担心我的孩子会和这些小丫鬟打架。我该怎么办？我想去，但是我想要我的孩子跟我在一起，他们不会让我像在守备衙门做短工期间那样晚上可以回家，我说先干三天，看看怎么解决这个难题。

10

在回民家（1895—1897）

我来到了新主人家，这是一个大家庭。主人的官职是臬台，是主审官。他姓李，他既不会读也不会写，但他是蓬莱最高军事长官镇台的第一助理。我的主人在掌权之前是一个厨师，他还当过兵，杀了一个强盗被提拔起来。他有四个老婆，他把两个老婆留在北京附近的老家，第三个和第四个老婆跟着他。这个家庭那么大，家里有九个厨师，还有一个木匠和一个裁缝，每天有两百多人在衙门里吃饭，他们都是回民。确实每天都这样，当吃完饭，吃剩的肉和海鲜等食物，被收拾进了垃圾池，这样的食物我的孩子哪怕在过年都看不见。看到这么浪费，我的内心非常感慨。

到了第三天，管家的三太太派人叫我过去。

“你喜欢我们吗？”她问。

“不是我是否喜欢你们，而是你们是否喜欢我。”

“那么你留下来吗？”

“问题不是活，”我说，“是我的孩子。”

“你留下来吗？”我的内心激烈斗争起来。我想留下来，但是我必须有地方安置我的孩子。我转念一想：“我再待一个月，看看她是否会改变想法，让我的孩子进来。”

于是我说：“我留下吧。”

三太太严厉的态度立刻缓和下来，她对其他的女佣说：“快点，去拿一些小丫鬟穿的衣服，找一套合适的，找些裹脚布和一双鞋子，把这些都带给那孩子，过一两天，带她来见我。你现在把她留在哪里？”我告诉三太太我的孩子和我姐姐在一起。

过了一两天后，我带着女儿来见女主人。那时候，我女儿大约九岁，她在衙门里住过，学会了礼仪，所以女主人对她感到满意，经常派人接她过来，孩子一天在姐姐家住，一天和我一起在衙门里住。

后来太太为我女儿想出一个法子，这样她至少晚上可以和我在一起。

蓬莱最高的军事官员是张镇台，他是戴红顶珠的，官至一品。他是统领省内大部分地区的将军。年轻的时候他的身份也很卑微，他曾经是刘大将军手下的一名普通士兵，一步一步地升上来。刘将军把自己府中的一个丫鬟嫁给他，但是当张镇台在蓬莱担任要职的时候，带来的两个老婆都不是那个丫鬟，她已经死了。镇台的续弦很年轻，比他早先娶的妾年轻，而那个妾是那个丫鬟出身的老婆还活着的时候娶的。

张镇台的母亲，即老夫人，曾经有两个男人，她没有嫁给第二个男人。这个男人是山西人，在张家贫穷的时候他帮助养活张家全家。张母和这个男人没有结婚，只是决定住在一起。当张从将军府中娶了老婆后，老婆不赞成婆婆的生活方式，于是当张回家的时候，他给山西人几百两银子，叫他离开，但是张家老母不同意，山西人也就还偷偷地过来。有一天，儿子抓住了这个山西人，持刀吓唬他，因此山西人不再来了。

当张家在蓬莱住的时候，这位老夫人是所有人中对道德标准要求最严格的。我们大家都叫她“老回头”，而她曾经依靠过一个男人，却又背弃了他。

这位老夫人非常难伺候，她醒的时候，两个儿媳要一直在她身边伺候，而且她们必须站着。只有当她睡着的时候，她们才能离开休息。她有六个丫鬟，因为她喜欢看孩子们打扮起来在她身边玩。她让这些丫鬟穿上漂亮的衣服，脸上涂抹着胭脂围着她玩。

张老夫人是真难伺候。她休息的时候，一个侍女要为她铺好被子，给她在两个膝盖下垫一个枕头，再有两个侍女抬起她的两条腿放到垫子上。

她喜欢各种各样的娱乐活动，在她生日那一天，要燃放大量的鞭炮，还有许多娱乐活动，一整天都是欢乐，我们都去跟着享乐。

后来女主人对我说："张老夫人年老寂寞，她喜欢身边围着孩子，喜欢看着孩子们玩耍，她会喜欢你的孩子去她那里。"张老夫人的儿子镇台和我的主人臬台是结拜兄弟，他们换过帖子。他们俩经常见面，两个衙门之间也往来频繁。看他们来来往往的就是一幅好光景：每次出门，骑兵先行，官轿在中间，官轿后面还有骑兵，一个大锣在前面开道。

她们竭力劝说我让孩子去张老夫人那里。

"她在那里吃的东西管够，在那里还会有好衣服穿，除了要伺候老夫人，和六个小丫鬟玩之外，她什么都不用做。"

于是我同意孩子去了，但是她总是哭，她不想去，她总是想回家和我在一起。每天当秘书要去镇台衙门时，秘书会带着我的孩子跟他一起去看老夫人，当他回来时，他再把孩子带回来送给我。

一天，当他们走到一条穿城而过的小河边时，孩子拒绝往前再走一步，秘书没有办法让她继续走。孩子跑回来了，她藏在前门门口的上马石和院墙之间的缝里。镇台来了，说："那孩子在哪？我妈妈找她。"

我们开始寻找，我们找到一座房子，那里的人说她已经走了，我们又找到另一座房子，那里的人说她从没来过。最后我们在门外的上马石和院墙之间的缝里找到她。找到她的人把她带到太太们面前，四太太问："你为什么躲起来？"

满子回答："我想和你们在一起。"

太太们笑了。三太太说："让她留下吧。"当三太太说这句话的时候，每个人都很高兴，因为三太太说了算。

太太们对我们母女很好。四太太教满子识字、做针线活。

我现在的女主人和原先协台衙门的主人是朋友，两位太太经常去协台衙门拜访她。当太太们去的时候，我和她们一起去，我的旧主人也不给我冷脸色看，我说话会让大家笑得很开心。

大将军宋庆来看我家主人，宋将军是从他老家的村子到蓬莱城的，他来安排他的儿子和王将军女儿的婚礼。王将军住在武定县，宋将军要去武定接新娘。新娘十三岁，宋将军的儿子十五岁。虽然新娘看起来很美，但她的眼睛看不见。那个时候，宋将军有六七十岁，留着长长的胡须。

宋庆原来是辛家的一个卖身家奴，辛家保存着那些卖身契。宋庆和他的家人，宋家应该还有几个人，都属于辛家。辛家是富有的官户人家，但是后来他们钱财散了，宋庆离开辛家自谋生路。宋庆到了芝罘的一家饭店当伙计，这家饭店给西山上海军学院的军官提供餐饮。这些军官习惯在晚间聚会，邀请妓女为他们唱歌。饭店里的其他店员没有一个敢在半夜时分上山送食物给军官们，因为送食物的路要经过一段老城墙的终端，那里是一条白蛇的栖息地，但是宋庆不害怕。

一天晚上，当宋庆路过老城墙终端的时候，他看到一个年轻的女人。宋庆心里想："这一定是哪个年轻的媳妇或者儿媳妇受了许多虐待，正要自我了断。"

那里岩石参差不齐，悬崖很高。

"这太可怜了。我要跟她说说话，救她一命。"于是宋庆喊道："妹子，妹子，天这么晚了，你要去哪儿？"

那女人靠着墙畏缩着身子，说："将军，我不是女人，远点绕过去，不用管我。"

于是宋庆走过城墙，不再管她。但是她称呼宋庆"将军"，她没有伤害宋庆而是让宋庆看到了自己未来的命运，即将发生在他身上的命运。宋庆那个时候三十多岁，于是他辞去了饭店的工作，去参军了。宋庆在军队厨房做帮工。

现在来看看命运是如何起作用的。那时正值太平天国运动期间，土匪在全国各地蜂拥而起。一天，警报传来："土匪们准备攻打我们。"

宋庆正在做饭，他搬出正煮着粥的大铁锅，把锅里煮的粥倒掉，然后骑上马，把热锅快速放在马屁股上，受到热锅刺激的马吼叫着狂奔起来，宋庆直接冲进了土匪的营地。土匪们看到这么奇怪的情景都被吓坏了，说道："这发生了什么怪事?"于是他们四处逃散。

宋庆后来成为一位非常了不起的大将军。他同日本人作战。他被封为侯爵，他是统领北方军队的将军。他被皇帝授予了可以使用龙凤图的权力，龙凤图通常只有皇家人才能使用，他死后埋葬的时候，可以像皇室成员那样使用金锨和银锄。

几年后，宋庆已经晋升为大将军，他回蓬莱下洼村的老宅，要去看望旧主人辛夫人。当在大门口被问到谁在叫门的时候，他说："宋将军大人。"辛夫人传出话来说，她不认识他。这样宋庆只好离开了。后来，宋庆又来了，传进去他的名字是"宋庆"，然后辛夫人把宋庆当成自己的家奴来接待。宋庆带给辛夫人一小袋金子作为礼物，表示他对辛夫人的敬意，她可以用来买茶点。后来宋庆赎回了卖身契，但我不知道他花了多少钱赎身，我从来没有听到老人们提起过。

宋庆有三个老婆，他年轻时的老婆是个普通的女人，她的脸上长满了雀斑。她坐在路边给别人缝补衣服，她自己穿的衣服破破烂烂。但是金钱的力量是如此之大，即使是她也变得相当好看，不过她死了，没有留下孩子。宋庆带走了她的一个丫鬟，这个丫鬟为宋庆生了一个儿子，因此现在这个丫鬟就升到了正妻的位置，她的心态变得高傲自大，很难相处。于是宋庆把她送回蓬莱老家看管土地和房产，抚养儿子。宋庆为自己又娶了一个老婆，宋庆去哪里，这个老婆就跟到哪里。宋庆这么喜欢的这位新太太以前是慈禧太后的贴身侍女，是皇太后最喜欢的一个。

宋庆死的时候，这位太太跟着他的棺木回蓬莱老家。她跟着往回走的路上，她一口东西都没有吃，因为她说："我没有孩子，我要跟着大人去坟墓，就像他活着的时候我跟着他一样，继续活着没有意义。"

家里的太太劝说她："妹妹，吃一点吧，跟我在一起，帮我抚养儿子吧。"但是她没有吃，她明白两个女人住在同一个屋檐下只会很痛苦，儿子不是她的，因此她对活人没有责任，她的职责是和死去的宋大人在一起。送葬的队伍抵达蓬莱一个月后，她就去世了。

一场盛大的葬礼开始了，这场葬礼就像是一场皇家葬礼。有两个灵柩台，宋庆的在前面，她的在后面。

因为她忠心耿耿地跟着宋大人，甚至跟到了坟墓里，在蓬莱通往芝罘的大路边为她竖起了一座石牌坊来纪念，所有路过的人都可以读到牌坊上面的铭文，铭文清楚地记载了她已经尽到了自己的职责，她是一个圣洁的女人。

宋庆的儿子长大了，但是年纪轻轻就死了，没有超过三十岁。他染上了天花，在他的体力恢复之前，他去了新纳的妾那里，因此在几个月内他纵欲而死。

宋家有一个七岁的小孙子，他是一个被宠坏的孩子，遇到任何事情没有人对他说不，他想要什么就给他什么，他想说什么就说什么。曾经有一次，一只麻雀死了，他为麻雀定制了一副大棺材，命令丫鬟和女佣们披麻戴孝，大声哭叫“娘，娘”，他们这样才埋葬了麻雀。

将军为自己准备的第一块墓地的地气很好，这点能从他掌握的权力看出来，也能从他原配棺材周围草木茂盛看出来，树根草根生长得很旺盛，缠绕覆盖在棺材的周围，那是一个好地方。但是宋庆仍然希望他的后代命运更好，他在龙山规划了自己的坟墓，并期望龙的力量护佑他的家族命运，但是他的后代反而衰落了。

几年以后，那时候我在做小商贩，满子已经结婚了，宋庆去世了，他是在慈禧太后从西安返回北京之后去世的。在义和团战乱的时候，皇太后在外国人攻入北京之前逃到了西安。

我的主人是回民，他的几个妻子也都是回民。他们有许多跟我们不一样的风俗习惯。当他们中有人出家门去了自己家以外的尘世，他们认为会沾染不干净的东西，他回来后，必须洗手、漱口，再变干净。他们始终保持七天中有一天是特殊的日子。

当他们的家庭成员去世的时候，他们要浸泡他的身体，除了眉毛和头发，要刮掉他的身体其他地方所有的毛发。因为眉毛和头发是人出生时从娘胎里带出来的。如果去世的人是一个裹脚女人，她的脚趾要被拉直，双脚再张开到自然的状态，因为每个人回到坟墓时必须像来到这个世界时一样，然后尸体用白布包裹好。男人拾掇男人，女人拾掇女人，要读《古兰经》，要烧香。我跟他们在一起的时候，家里并没有人去世，是他们告诉我这些事的。

每年春天他们禁食四十天，早晨在太阳升起来之前他们大吃一顿，然后一直到太阳落山之前，他们不吃不喝一点东西。他们不吃猪肉，只吃羊肉，羊是由自己家的主厨宰的。主厨戴着一顶高帽子，他对着刀说几句话——我猜是几句咒语，然后把刀刺进羊身上。

一天我正和太太们坐在一起，这时三太太的丫鬟秋菊跑进来。四太太的丫鬟叫春花。秋菊说："锅里的油烧开了。"

三太太问："他进油了吗？"这孩子说他进了。

我听说过一些外国宗教野蛮行为的故事，也看到过一些奇怪的事情，我想："他们真的把老人放进烧开的油里吗？"

于是我溜出房间，向后走到厨房。在厨房我看到老厨师头上戴一顶滑稽的黑色的高帽子，手里拿着一把短柄阔勺，正围着一大锅煮开的油忙活，他正在用油炸糕点。回民在举行仪式时用这种糕点，也把这种糕点当作礼物互相赠送，他们不会让我们这些教外人员吃糕点，除非他们先把糕点弄碎。厨师正在用回民特别的方式制做糕点。三太太刚才说的话"他进油了吗"，意思是"他把糕点放进油里了吗"。我好一通自嘲。

与李家在一起的生活是很轻松的，我的工作不累，我和孩子还有充足的吃的东西。如果我说我的命不好——我经常这样说，三太太会责备我。

“你不是来和我们住在一起了吗？富人不是靠天，穷人不是靠富人吗？”

主人去省城与巡抚一起处理一些事情，主人去了一个月，他随身携带着官印。众所周知，官印是一个有威力的东西，官印能镇邪，官印能把一些东西封在它们应该在的位置。当官印不在了，许多神力会无拘束地发挥作用，会以不应该的方式发挥作用。

一天，太太们在大院里散步，她们穿过几个院子，沿着弓箭手巷向南来到了关公庙。战神关公不是凡夫俗子，关公从来没有出过庙门。

那时候，住宅风俗习惯是非常严格的，没有男人被允许进入二门以内，某位太太想要任何东西时，她总是告诉我们这些佣人，我们会走到二门口呼喊厨师或者小伙计，或者告诉管家需要什么。

一天，三太太说：“裁缝是个老人，我们叫他进来吧，我要告诉他怎么剪裁我的新衣服。”

裁缝被叫进来了，我们把两张方桌拼在一起，在桌子上面铺了一块毡子。裁缝坐在那里依照三太太的指示剪裁布料，他是住在衙门内的裁缝，经常为太太们做衣服。四太太走进里屋洗澡。她们是回民，有很多洗澡仪式。

突然里屋传出一声不是人发出的动静，一声喘息或者是一声嗥叫。我坐在那里仔细地看着裁缝，听到那声音我们立即冲到门口，但是门是锁着的，我们向屋里喊叫，但是没有人回答，只听见很大的不是人的声音。那个时候，我年轻力壮，于是我把门从门枕上提起来，把门卸下来，我们冲了进去。到这个时候，男人们进来了，老管家和另一个年纪大的男人，他是李家的一个侄子。只见四太太向后靠着墙躺在炕上，幸好她穿着裤子，否则她就赤身裸体了，只是她的脚没有盖好。老管家把手放在四太太的嘴上，说："怎么了？"他是个老仆人，他敢这么做。

她大叫道："我是关公。"

"你想要什么？"我们一起喊道。

"我要一把剑。"她大声叫道。

"好的，好的。"我们回答，"我们去给你拿。"但是她还以那奇怪的声音大喊大叫。

于是我们又问她想要什么，她说："大炮。"弓箭手巷里还有一门大炮，所以我们答应把炮也送到关公庙，但是关公还是不离开她。

"我要一门装饰花卉图案的大炮。"这个要求他们也答应了她，认为附在她身上的关公想要一门铸有龙图的大炮，但是，她变得非常生气，我们知道没有听对，她想要的是一件绣花礼袍，更准确地说是关公想要，这个也答应给她，还答应送给寺庙一套新帷幔。

她还是不停地喊叫。老管家又问："你为什么这样叫？"

她回答说："三太太整天读《三国演义》，英雄们说她对他们太熟悉了。”

我们全都知道，两位太太花了很多时间读《三国演义》，这本书是关于关公在人间的故事，书中还写了关公的主人兼朋友的刘备，刘备是汉朝皇帝的后嗣。于是我们都开始找这套书，我们想，关公是为他的书而来的。我们找出了几套书，把它们都送到了庙里。她还在叫，因此我们继续找，靠墙桌子里面的抽屉里，我们又发现了一套书，我们把这套书也送走了。四太太还在叫。

最后，老侄子领来了一个萨满。萨满是能与妖灵和魔鬼对话的人，他在四太太屋里给关公烧香，他又烧了纸钱，终于他可以引导着关公一步一步走出屋子，穿过一个个院子，回到弓箭手巷，再回到他自己的庙里。四太太安静了，但是她有时候还会喊叫一阵子。

当一切归于平静后，一天我们坐在三太太的房间里。当没有客人的时候，佣人和太太们会坐在一起。两个太太坐在炕上，四太太在读书，三太太在一个小手炉上暖手。屋里有一个炭盆，但是没有像现在这样的煤炉子，所以三太太在小手炉上暖手。我坐在炕边的一条长凳子上正在缝衣服，在给李家的女儿做围裙，这个女儿和她的母亲在老家，她的母亲是大太太，围裙会邮寄给她。我的头开始下垂。

“怎么了，老宁？你困了吗？”但是我说我没事。接着我的身子开始摇晃起来。

于是四太太说："你看着不好，你最好去你的屋里躺一会儿吧。"

但是在我站起来要走的时候，身子却往下沉要往地上摔，在倒下那瞬间我横躺在了太太们坐的炕上。我记得最后的事情是听到三太太说："怎么，你想你要躺在我的炕上，是吗?"剩下的都是她们告诉我的。

三太太吓得穿着袜子从炕上跳下来，在屋里跑来跑去："这是怎么回事，你们这么吓唬我?先是四太太，现在是你。"

孩子们，我的女儿和几个小丫鬟，开始哭起来："娘，娘，你死了吗?"还有，"姨，姨，你死了吗?"这些小丫鬟叫我姨。听到吵闹声，男佣人进来了。那个老侄子把我扶成坐的姿势，让我的头垂在两膝之间，不停地叫我的名字。有人告诉我，过了很长时间，他终于想法把我的魂叫回来了。

当我倒在地上死过去的时候，我不记得发生的任何事情。但是意识回来那一刻有一声吼叫，我觉得实在不舒服，然后开始呕吐，吐完后我立刻感觉好了。厨师从外面取来了一些锅底灰，用来清扫呕吐物，但是我从他手里接过了扫帚，我感觉好了，浑身是劲，能够自己打扫。他们把我送到炕上休息，第二天我和平常完全一样了。

三太太对我很生气，她说我把她吓了一大跳。

我一辈子死过三次，当我在另一个世界的时候，我从来没见过任何东西，所以我不知道自己是去了天堂还是地狱。我耳朵里乱哄哄的，一声接一声地吼叫，一切都是灰色的。我第一次死是我正要走进施粥站的时候，满子先挤进了棚子，但我在人群推搡中没能挤进去，突然我觉得不适，旁边的墙上长着一簇草，我伸手去抓草，但没有抓住，我一屁股坐在地上，不知道发生了什么。但是后来有人告诉我，现场发生了很大的骚乱。

“死人了！死人了！”

有人说：“这不是谁谁吗？这不是谁谁吗？”

有人把我女儿从粥棚子里叫出来，她哭喊着：“娘，娘死了。”

粥站的人把我扶起来，他们弯着腰不停地呼叫我，把我的灵魂叫了回来。这样过了一会儿，我又活过来了，我走进棚子领我的那一碗粥，没有什么坏结果，我感觉和以前一样。

我第二次死就是这一次，当时我是在臬台家。

我的主人长得高大壮实，肩膀宽厚，他有一个大鼻子，眼睛看起来很凶，我们都害怕他。他要染眉毛和胡子，使它们保持黑色，当我们晚上看见他的时候，他的脸上涂着染膏，看起来更凶。我们如此害怕他，以至于当他发出命令时，我们温顺地站着，回话时结结巴巴。三太太会对我们非常生气，说：“你们都是愚蠢的结巴吗？你们没有一个能把话说得顺溜点吗？”但是当主人用他那双凶狠的大眼睛瞪着我们的时候，我们害怕他，害怕我们说错什么会让他生气。

三太太过去是个丫鬟，但她给主人生了两个儿子，这给了她特殊的地位，但是这两个儿子都在老家跟着大太太。按照习俗，这两个儿子都属于大太太的，都算大太太的儿子，由大太太抚养他们、教育他们。

四太太是主人从妓院带回来的，她曾经是个妓女，因此没有孩子。四太太的职责是保管主人的官服和徽章，当主人外出时由四太太为他穿衣服。当一个官员穿官服的时候，周围的人要为他做很多事情。官服的褶皱必须整理恰当下垂，扣子和腰带必须扣紧，有一些扣子是在背后扣紧的，朝珠必须正确地挂在主人的脖子上。当四太太不在的时候，我们为主人做这些事情。

在三太太和四太太之间明显不对付，如果主人去了三太太的屋子，四太太会不喜欢。如果主人去了四太太的屋子，三太太会不高兴。但是在其他的时间，她们俩还算是好朋友。

三太太和四太太吵架的时候，吵架的原因总是因为主人。两位太太的房间分别在客厅的两边，三太太在东边，四太太在西边。有十天，或者是五天，主人在一个太太房间住，然后在另一个太太的房间也住十天，或是五天。在一两个晚上以后，那个没有和主人住在一起的太太总是会生气，当她看到我送主人晚上用的夜壶时会说："把它拿到那个房间，这里用不上。"

当她们不高兴时，她们甚至会拿我作为吵架的借口。三太太会说："我雇了你，你得听我的。她叫你时，不要去。"

我回答说："这不对吧？当你叫我时，我就过来。当我闲着的时候，她叫我，我也应该去她那里。"三太太的脸红了，她过去是个丫鬟，而我从小在自己家里长大。

两个女人吵架，这个跟主人说她的理，那个跟主人说她的理。一天，四太太正在给主人穿衣服，两位太太一直在吵架。主人对四太太说："现在道歉。"

四太太跺着脚说她不道歉，转身走进自己的房间，"砰"地一声关上房门。

三太太走进自己房间，"砰"地一声关上房门。

主人在客厅的桌子旁坐下，他坐了一会儿，然后说道："老宁，传我的命令我要出门，我有公务。"于是我走到二门口，传达主人要出门的命令。当主人出门执行公务时，重要的事情是要放礼炮，要准备好轿子，还有骑兵和马。

当主人走了以后，我去找主人的第一秘书的老婆，她也是个回民，我找她来在两个太太之间讲和。她在我们这里待了一整天，大家一起说话聊天，整整聊了一天，最后两位太太终于和好了。

当主人回家时，他在进内院之前，在我为他开门的时候，他问道："她俩和好了吗？"我告诉他，秘书的老婆和我使她俩和好了。

我给主人端来一杯茶，他说道："谁有这么两个东西当老婆。不要对外人讲这个事。”

主人是一个有原则的人，他会说：“凡事有限量，过了便是罪：喝酒不能喝醉，男女之事不可过度。只有那些抽了太多鸦片的人才不能控制自己。”

他也喜欢开心地玩。当家里没有客人的时候，他会叫人把二门关上，把我们都叫进来。“来，”他会说，“我们来唱歌。”然后，我们全都进来，男佣人、女佣人还有主人一家，大家一起唱歌、一起作曲。

但是，主人的腿坏了，主人的腿在战斗中受过伤，他的腿有枪伤。

我的主人升职了，他们必须去另一个城市。他的腿也不好，他正在考虑退休，他的膝盖疼。他们想要我和他们一起走，但是我说我不能去，我不能离家那么远，因为他们住在另一个省。所以，我的女主人把我介绍给她所有的朋友，还要求他们为我操心，帮我找一个活，因为我没有家人替我操心，没有家人来帮助我。我的主人是个好女人，她对那些给她服务的人尽到了一个女主人应该尽到的责任，她替佣人们打算，并确保她们会有吃的。

这时我的女主人想到了老商贩刘妈，她派人找刘妈过来，还让刘妈做我的干妈，这样我可以有一个能够商量事的人，在饥饿的时候我可以找她吃顿饭。刘妈当着我的女主人面认我做了她的干女儿，我的女主人叫刘妈给我找事做。刘妈常常从一个衙门走到另一个衙门，向那些官员的妻子兜售货物。

主人的母亲结过两次婚，两次嫁的男人都姓李。老夫人有五个儿子，五个儿子都是大官，两个儿子的官位最高，戴红顶珠，其中的一个是我的主人。戴蓝顶珠的两个在济南府，与巡抚在一起。第三个儿子的级别是戴白顶珠的，他住在芝罘，当主人一家离开蓬莱的时候，他来为他们送行，他告诉我，如果任何时候我需要做事，我要去芝罘找他，他会给我事做。他在芝罘经营了一家剧院，赚了很多钱，生意很好。

当我打包好自己的东西去正式告别的时候，太太们看到我要离开都很难过。当她们与我分别的时候，她们都哭了。在她们上车要上路的时候，三太太嘱咐我："老宁，你还年轻，对你来说还有时间改变。你是一个好女人，你活干得好，心地善良，你只有一个缺点，就是脾气火爆，听不得半句不顺耳的话。其他人不也是人吗？你必须学会换位思考。你要控制你的舌头。"

然后我的女主人离开了。我去了杨家，杨是一位军官，也是一位回民。我的女主人请他们照顾我。我在杨家住了大约十天或者是二十天。杨太太说："家里有吃的给你和你的孩子，但是我不能给你钱。"她已经有两个女仆。我没有事情可做，当我找活干的时候，我明白那些是她们俩的活，如果我做了，会影响她们的位置。

杨家几乎没有额外的针线活，因此我开始不安。我说我要去芝罘找李家的三老爷，但是大家都劝我留在蓬莱，于是我去找干妈，干妈为我在知府助理家找了一个活，我要求带着孩子。

于是我把女儿留在杨太太家一段时间，我去知府助理家先干着看看。

知府助理年纪大了，他个子矮小，人很干瘪，留着稀疏的胡子，说话口齿不清。他老婆也老了，她还抽鸦片。他们都是不注重外表的人，他们所有的东西都拿去换鸦片。家里的少爷属兔，他走路扭扭捏捏，摇摇摆摆地像个女人，他不关心自己的妻子，他的时间都花在演员和扮演女性的旦角身上。少奶奶外出时穿的衣服比我的还要破、还要脏。她穿着一件小短棉袄，棉袄在后背接不上裤子，露出一截后背，她有什么能让她在意自己的外表呢？

我下午到了那里，家里有六个女仆，我们在饭桌旁坐下，我们吃的全部是三等米和大头菜汤。吃饭没有秩序，每个人都拿自己的，我没有吃饱。

然后我被领到一个大房间，我们这些人都睡在这里，六个人睡在一张铺上。我在床上铺开自己的被子，和其他人的被子铺在一起，我躺下来睡觉。他们翻来覆去的，每一次翻转，床都在摇晃。突然，我的脖子被咬了一口，我快速出手抓到了一只大虱子，我被虱子一直咬到了天亮。我起床后就开始干活，很快到了中午，但是没有吃的，我很饿。一天只有两顿饭，在老太太起床后才供应第一顿饭，她还在睡她的鸦片觉。女仆们各自在房间藏了一碗米饭，当她们饿的时候吃，但是我没有经验。老主人已经起床了，但是女主人还没有起床。

我去找少奶奶，说我把东西忘在我干妈家，我必须去取。她对我说等吃过早饭再去吧，但是我说我会在我干妈家吃饭。她又对我说等一等见见老太太。但是因为这位老太太是一个抽鸦片的人，谁也说不准她什么时候能醒。后来少奶奶带我去见了老主人。

“你要离开吗？”

“我有很重要的东西忘在我干妈家，我必须去取。”一个男人怎么可能问一个女人忘记带什么重要的东西呢？所以他让我走了。

我到了干妈家，我说：“我不能住在那个地方，到现在我一口东西还没吃。我习惯了一天三顿饭。我不怕活累，但是我害怕挨饿。再说，孩子怎么可能受得了这呢？她不能等到一天的这个时候才吃饭。我们以前住的地方，当饿的时候就吃。”我的干妈正在吃饭，她让我跟她一起吃，我这才吃了饭。然后干妈出去为我再找事做，但是我说我要去芝罘找李家三老爷。

当我干妈来说她为我在知县助理家找到一份差使时，我已经找人雇了骡子，正在打包行李准备离开。杨太太和我所有的朋友都劝我留下来，于是我去了知县助理钱老爷家。

钱家一天也只有两顿饭，厨师承包了饮食，他仅供应两顿饭，如果我们赶不上吃饭的时间，当我们去吃饭的时候什么都没有了，食物会被收起来。因为钱家是南方人，我还被要求清理夜桶，我从来没有倒过夜桶，不喜欢做这个。我伺候过的其他的家庭全都是北方人，他们使用位于院子角落或房子背后的茅坑，我们北方人都是这样。我的女儿正是长身体的时候，她怎么可能过一天只吃两顿饭的日子，而没有机会另外再吃点东西呢？所以我又回到干妈那里，对她说我要去芝罘找三老爷，在他家里或他那些朋友家里肯定会有我的活干。但是他们都劝我留下。看到我下定了决心，杨太太叫她的儿子安排我坐船走。

我去以前的主人家转了一圈，告诉她们我要走了。她们每一个人都叫我留下来。她们说："你的朋友和亲戚都在这里，在芝罘你一个人都不认识，你怎么肯定你和他们会处得好呢？留下跟我们在一起吧。"

当我到了我的第一个女主人——协台衙门的刘太太家时，她说："你总是这么犟。老宁，来，跟我喝一杯告别酒，但把孩子留下吧，我会照顾她的。"

我的东西都打好包了，准备出发，这时我想起满子的一双鞋忘在知县助理衙门，我去取这双鞋。当我走进衙门大门时，女佣们都围过来对我说："你去哪里了？我们不知道杨大人的房子在哪里，所以我们找不到你。我们到处找你，女主人派我们出去找你的。"

当我进去见到女主人时，她对我说："你去哪里了？你留下的接替你位置的那个女佣已经走了，我希望你回到我们这里。我也已经对厨师做了新安排，他对人太苛刻，饭桌收拾得太快了，他现在只做肉和蔬菜。我已经告诉了那个小伙计煮米饭，还告诉他为孩子准备一些脆抓果，让孩子想吃的时候就吃，他可以为她做油炸的。”

我很固执，我说我要问一下我干妈。但是干妈也力劝我留下来。

“钱家的活儿轻快。”干妈说，“你只是给女主人和她的两个女儿梳头，然后伺候他们吃饭。现在，你能肯定在芝罘有这么好的位置吗？孩子不是也大了，可以替你倒夜桶了吧？”

于是我留下来，我在钱家干了将近三年。

11

在文官家（1897—1899）

我的新主人钱老爷早已经通过了科举考试，他本人有资格担任知县。但是到目前为止，他还是有官身无官印，他被称为“候补知县”。作为蓬莱知县的助理，他处理了大部分官司，他没有薪水，他的收入是由那些打官司的人给的。他的父亲曾经是一名知县，他们出身于著名的师爷世家——绍兴钱家，全国各地的法庭上都有他们的身影。

钱氏家族已经延续了十七代没有分家，钱家在绍兴老家有两百多间房子。全家人都去吃饭的时候，这一顿饭吃饭的有两三百人，听到敲锣声，大家都去吃饭。家族的房子随时提供给任何家族成员住，愿意住多久就住多久。家族里有姑娘出嫁，家族会给她十块银元；而有男子娶妻，会给他二十块银元。不管这个人家境贫富，都是这个规矩。

钱老爷本人是一个正直有教养的人，他很长时间不知道我脸上有麻子，他从来不看我，他走路的时候总是低着头，不左顾右盼。我已经在钱家干了一年半了，一天，我在钱老爷面前奉茶，他碰巧抬起头，我看出他突然一惊。他等我走出房间——我在屋里的时候，他不会不顾面子说这样的话，他说："老宁脸上有麻子吗？"大家都笑起来。

钱太太也是一个正直有教养的女人。她的父亲做过道台（也称为巡抚）。她是一个非常好的女主人。她看到厨师给我们准备的肉不够吃，她会快速塞给我一点额外的钱，说："给，去买点东西自己吃。"或者她会从桌子上拿出一个松花蛋，说："给你，把这个煮了吃吧。"

女主人告诫我有三件事一定不能做："你一定不能给姑娘做媒让她做妾，你一定不能给再婚女人做媒，你一定不能成为基督徒。"

"客厅不是正房，妾不是个人，你不能做坏事，坏了人家的一生，做妾太遭罪了，要任凭大老婆摆布。"

"好马不套双鞍，好女不事二夫。女人家再婚，混杂了血气，是一种罪过。"

“基督徒教导人们信天堂，但是他们还教导人们不敬祖先，这是大不敬。对我们来说，最重要的是敬祖。”

至少对于做妾这件事，我的女主人说的是太对了——除非大老婆死了，否则我从来没见过做妾的日子过得好。

蓬莱有一个姑娘，是地方长老的女儿，她嫁给了一个官员做妾。官员让人抬着红花轿，按照所有正式的婚礼仪式操办来娶她。结婚第三天，送新娘回门的时候，他安排了官伞、仪仗护送她，还有携带着长矛的仆人，就像他以前为妻子做的一样。每个人都认为她是个好命的年轻女子，有些人还嫉妒她。

后来他被调到其他职位，他带着她回到南方老家。一段时间后，她的哥哥去南方看望她，要去这家认亲戚。当哥哥来到这家时，门房问了他的名字以及他与这家人是什么关系。最后门房出来传话说老夫人回话：“我们没有这门亲戚。”但是当哥哥坐在门房里等候的时候，他看到妹妹跪在院子里，当时天下着雨，但是由于妹妹是妾，他什么都不能做。

我在海关税务司家里干过几个月，老爷太太联合起来对付小妾。我不知道他们为什么这么讨厌她。她必须侍奉女主人，给她端茶送饭、梳头，甚至还洗脚。

有时候人们会问：男人为什么不保护自己带回家的女人？他耻于那样做。这类事情，男人必须听妻子的话，这是面子问题。男人的面子在于妻子，而道理也在妻子一边，家庭和睦与否系于妻子身上。

妾有时候也会占上风，但是这种情况持续的时间不会长久。有一户人家给儿子娶了一个媳妇，结果这个儿媳妇很讨人嫌，还很蠢，他们教她什么她都学不会。最后老人说："真受不了她，干脆饿死她算了。"他们把她关进了厢房，锁上房门，不给她吃的。但是这个小伙子很同情她，于是每天吃饭的时候他都会在袖子里藏几个馒头——那个时候我们穿的衣服袖子又宽又长。当他路过厢房窗户的时候，他把馒头快速地从窗格缝中塞进去。公婆来看儿媳妇时，他们发现她人没有变瘦而且不吵不闹很安静，他们觉得很奇怪，仔细观察了几天，他们发现了儿子给儿媳送食物，老两口说："嗨，既然儿子不嫌弃她，我们为什么要看不起她。"于是他们把她放出来了。

这个年轻人正在学习，准备参加乡试，一天夜里，他梦见一只老虎撞到他的胸口。感觉到百兽之王碰他是个好兆头，他醒来时非常高兴。完全清醒时，他看到妻子的手放在他的胸前，他生气地把手推开，还向家人宣布他不打算去参加考试了。他的哥哥追问他原因，于是弟弟讲述了梦里的故事，最后说："我醒来时，发现是这么个东西的手放在我胸前。"

"哦，但是弟弟，"哥哥说，"你应该去。你的命很好，你不去考试会浪费好运。她可能在家里讨人嫌，但她好像是个有福气的人。"于是年轻人去参加乡试，还以高分通过了考试，并且几乎立即获得了官职。他晋升得很快，而且都是肥差。

他变得财大气粗且有权有势，便为自己一下子纳了两个妾。因为元配愚蠢，不知道如何管理这两个妾，甚至也不知道保护自己，这两个新纳的妾对她非常不好，她们让她挨饿，她于是变得越来越瘦。而他忙于公务，还要周旋于那两位新婚妻子之间，没有注意到她的状况。

后来有一天，她与其他官太太一起受邀参加宴会，她们问她为什么这么瘦。她告诉她们她的麻烦，也说她没法应付这事儿。

“我们告诉你怎么办。”其他的官太太说，“你男人下一次出门的时候，你戴上官帽，拿着官印，坐在判案的桌子旁。”她向那些官太太表示感谢，说她自己想不出这个法子。

下一次她男人出门，她戴上官帽，拿着官印，坐在判案的桌子旁边。衙门差役问她：“请下令！”

她说：“把她们抓来。”

当这两个妾被带进来后，她说：“给我打她们板子。”差役狠狠打了她们一顿。

正打着板子，她男人进来了。他低着头坐在侧门旁，因为官印正在发挥威力，在官印面前，他跟其他任何人一样，仅是一个普通人。然后他向戴着官帽的妻子行礼，问她是怎么回事，她告诉了他自己的遭遇。

她的男人做了一些安排，解决了这场纠纷。但为了避免日后的麻烦，她的男人建议她回他们老家，与公公婆婆安静地生活在一起，于是她回了老家。三个月后，他就丢了官职，不得不退休回家。她是不讨人喜欢，但是命中注定她有福运。

这一类事情，男人必须听老婆的话。

因为妾发生争吵，男人没法对老婆讲大道理，因为老婆占理。

当我还在协台衙门的时候，一天，女主人邀请所有官员太太赴宴。蓬莱守备把太太留在老家，在蓬莱城里纳了一个妾，她是一个做豆腐的人的闺女。女主人认为，既然太太在老家，她可以邀请这个妾赴宴。同知的夫人看到守备的妾进来时，她立刻起身离去，你可以想象我的女主人有多尴尬。

钱家主人夫妇很溺爱他们的闺女。姑娘们一天到晚总想玩，每天都有说书人说书或瞎子乐师演奏，如果没有更好的娱乐节目，还会有卖货的女商贩讲述她们走街串户听说的城里人的家长里短，随便找个理由就可以玩一场。她们过生日那一天，会有训练过的熊、猴表演，有杂技演员和变戏法的人演出。在所有的活动中最受欢迎的是唱戏。他们家在院子的南头搭建一个矮戏台，这样，城里的官员和有钱人会带着他们的太太和家人前来看戏。院子周围是走廊，有桌子摆满了吃的和喝的。女人们的桌子在两侧，男人们的桌子位于戏台对面的北走廊上，或者是在会客厅里。这些达官贵人们穿着华丽的衣服坐在那里，喝着茶，吃着美味小菜，听着戏。我们伺候他们，顺便也能听戏。

主人住的房子在城北靠近城北门的地方。在这条街上还住着一位穷秀才，他已经通过了童子试，但是他没有钱深造。如果考试在任何其他城市举行，他都没法参加，他甚至连短途路费都没有。他靠替人写信，或者有时候被人雇去教书来谋生。因为他的父母已经去世，他都是去一个叫“大姐”的表亲家吃饭。

那时戏子都是男人，女戏子在大城市刚开始出现，但是像蓬莱这么一个保守的小地方从来没有出现过女戏子。登州知府是从省城来的，他非常喜欢看戏，他请了一群女戏子来到蓬莱城。他遍请城里的官员、所有的上流社会人士，还有一些不在蓬莱任职的官员的家人。生员们听说这件事，他们非常激愤，因为他们也想进来听戏，不明白为什么不允许他们进来，于是他们说有女戏子是伤风败俗，女戏子抛头露面地唱戏，还和男人坐在一张桌子旁边，在席间伺候男人，供男人消遣。知府不敢在自己家里安排看戏，但是我的主人既没有正式官职，也没有官印要执掌，他主动提出在自己家里安排看戏。

演戏那天，当所有的戏子和宾客都进了大院后，大门就被锁上，还安排了警卫站岗，把那些来闹事的学生和秀才们挡在外面。聚集起来的人群不小，他们在门外大喊大叫，还砰砰地撞门，这些人越聚越多。我坐在靠近院墙的长凳子上，在那里听戏的时候，突然有什么东西“扑通”砸在我的胸前，又滚落在我的大腿上，原来是一块大石头，更多的石头落进了院子里。士兵们奉命驱赶这些闹事的人，士兵们冲出去后，人们四散奔逃，士兵们只抓到一个人，士兵们把他绑在街对面庙里的柱子上，他被绑了一天一夜，人们路过这里时，都嘲笑他。被抓的这个人就是那个年轻的穷秀才，他就是吴佩孚。这件事让吴佩孚非常难堪，他便离开蓬莱参军去了。大将军、大军阀吴佩孚的人生就是从被迫离家开始的。

多年以后吴佩孚结婚的时候，那时他已经有了点地位，他娶的姑娘是蓬莱城附近一个村的人。我见过她，长得不赖但是她的肩膀又厚又宽，算不上真正的美人。

吴佩孚结婚的时候，他坐着城隍爷专用的那顶轿子。城隍爷坐着这顶轿子一年要被抬出来巡游三次。这是一顶四面都敞开的轿子，所有人都能看到他，坐上城隍爷的轿子不是件小事儿，这等于宣告现在吴佩孚是一位王爷了，因为蓬莱城的城隍爷是有王爷头衔的。这可以从他戴的王爷帽看出来，也可以从他穿的红黄两种颜色的长袍看出来。要拿到城隍爷的轿子不是一件容易事，只有胆大妄为和非常自信的人才敢向本城的长老提出这样的要求，吴佩孚也一定花了很多钱。

女商贩讲了很多故事。知府是蓬莱最高的文官，是个旗人，他姓汤，汤知府有四个妻妾，他和母亲住在一起。知府的元配比他的母亲地位要高，因为知府的母亲当年只是一个妾。当她们坐着轿子出门的时候，妻子的轿子先走，然后母亲的轿子才出来。当妻子进出的时候，由四名军士扶轿，而母亲的轿子只有四名丫鬟扶轿。当她们外出参加正式宴会时，妻子的座位也要高过母亲。

知府有一个姓陈的朋友住在他家，我们称呼这位朋友为“兔儿爷”。他曾经是一名戏子，他是知府的消遣。兔儿爷曾经借钱给知府买官，他一直作为贵客住在这个家里，直到被知府在二太太的房间里当场捉奸。人们都这样传这事：他光着身子逃跑了，知府给他送了一些衣服，他回了北京。

这位二太太给知府生了两个儿子，但知府说不想再看见她，把她打发掉了。当然，两个儿子都归大太太。

知府说：“我抬不起头了，我戴了绿帽子。”

一天，我家女主人的小狗丢了。它是一只京巴，女主人十分稀罕它，所以她派我去找算命先生算一下狗在哪里。

我主人住的衙门靠近城北门，在城北门内离城门不远的主街上有一座小庙，庙里住着一位道士，他有一个驼背的妻子和几个孩子。尽管每当城隍爷被抬着路过这里的时候，他都会虔诚地焚香膜拜，但是他不是个好人。有一个小女孩过去常常从他的摊位上买糖果，跟他很熟。一天，当他妻子不在家时，他占了女孩的便宜。后来我在女孩的家里见过这个女孩，道士对女孩做了非常邪恶的事，但是女孩家人很穷，因此没有人去知县那里告官。

除了在庙门前烧香、卖水果和糖果以外，还在大树下摆了一个卦摊。小狗丢了以后，女主人派我来找这个道士，算一下小狗在哪里。他查阅了卦书和八卦，告诉我小狗第二天会回家。第二天，他亲自把小狗送过来，拿到了奖赏。他早就看到小狗，知道它在哪里。

没有算命的告诉过我要发生什么事，曾经有一个说我第二年会死，这是很多年前的事了。还有一个告诉我，我会嫁两次，他告诉我，我不论改嫁给谁，那个人都比我的烟鬼男人更差。

并不是所有的算命先生都有真本事，但是有一些人确实有。有个老太婆做了一个梦，她梦见自己拿了一个梨，把它切成两半，她和丈夫各吃了一半梨。第二天，她去找一个算卦的，问他这个梦什么意思。算卦的人叫周公，他告诉她，她的儿子会死，老太婆大哭起来，一边哭一边往家走。老太婆的哭声很大，结果桃花女听到了她的哭声，桃花女派了一个丫鬟去问老太婆怎么回事。听完了老太婆的讲述，桃花女说："他可以预言未来，但是我可以改变未来，你的儿子不会死！回家吧，找一只公鸡，把公鸡抱在怀里，一边拍打着公鸡一边叫你儿子的名字。"

老太婆照桃花女说的话去做，怀里抱着一只公鸡，围绕着院子和屋子转圈走，一边走一边喊道："我的儿啊，我的儿，快回到我身边，我的儿。"

儿子在回家的路上赶上一场暴雨，他看到一座旧砖窑，就进去避雨。他在砖窑里听见他娘呼唤他，于是跑出砖窑，冲进雨里找他娘。他离开旧砖窑的那一刻，砖窑倒塌了。如果他还在砖窑里，他非被压死不可。

他回到家，他娘听他讲述了这番经历后，便去找周公，她对周公说："你算的不对，我儿子活着回家了。"

"那不可能，"周公说，"他肯定要死，他的八字写得清清楚楚，这是他的命。"

但是当他娘把发生的事情告诉周公后，周公说道："又是这个女人，她破坏了我的解命。"

有关这两个人的故事很多，有的是关于他们的各种事迹，有的是关于周公未卜先知的能力，有的是关于桃花女改运的能力。于是周公安排信使去向桃花女求婚，想要通过结婚取得她的童贞，让她法力消失，以此来控制桃花女，这样做的方法是要得到桃花女的煞，煞是桃花女法力所在。

煞是非常强大的精灵。有一户人家，他们为儿子定好了结婚的日子，这一天到的时候，儿子病得很重，但是尽管这样，母亲说他们一定要把新娘娶进门。这个母亲心肠不好。当迎亲的轿子准备出发接新娘的时候，年轻人咽下了最后一口气，他们用被子把他盖起来，母亲自己去接新娘。新娘进门后，他们把新娘领进洞房，告诉新娘她的男人病了，刚刚吃了药让他发汗，所以她一定不能打扰他或者掀开他的被子，然后他们关上门，把他俩留在屋里。身为贤惠的妻子，新娘说道："不用不好意思，好好躺着发汗吧。"

半夜时分煞回来了，人死后煞总是会回来的，风水先生可以判定煞何时会回来，家人要何时离开房子躲避。煞进来了，年轻的妻子突然看到两只公鸡，一只白的，一只红的，它们在炕边的地上打架，她想："门关着，这两只公鸡从哪里来？"她看着两只公鸡在地上打架，越看越害怕，于是她摇动她的男人，要把男人叫醒，要让他看看这奇怪的情景是怎么回事。她摇动新郎时，新郎长长地吸了一口气，白色公鸡钻进了新郎的身体，新郎坐起来活了。新娘冲向房门喊叫她的婆婆，房门打开时，红色的公鸡跑出去，婆婆死了。

一个婆婆和一个儿媳妇住在一起，儿子外出不归已经十年了，两个女人没吃没喝的，日子过得非常艰难。邻居提了很多次，他们建议年轻的媳妇改嫁。他们说："那样你才能有吃的，你的老婆婆也可以依靠彩礼过好长时间。"

但是年轻的媳妇总是说："我不能丢下我婆婆。"

于是邻居们又开始劝老婆婆，老婆婆再劝年轻的媳妇，年轻的媳妇哭着说她不想走，但是老婆婆坚持要她走。

"为什么我们两个要在这里一起挨饿呢？"

最后年轻的媳妇说："如果我们确定他死了，我就往前走一步改嫁。"

于是她们俩去找算命先生，问算命先生出门的男子是死是活。她们给算命先生他的生辰八字（生辰八字是掌管命运的，是由他出生的年、月、日和时辰决定的八字）。算命先生掐指算了算，然后说道："他今年和现在的命都是土命，土盖住了他，他肯定死了。"

听到这个结果，她们俩放声大哭，恳求算命先生仔细翻书再算一遍，看看是否有其他的解释。

于是这位算命先生又查阅了他的相书，又一次说："他死了。"两个女人哭了起来。

"如果算得不对，你们可以来掀翻我的桌子，撕毁我的相书和八卦图。"

街对面寺庙的围墙下还有一个算命先生，眼见耳闻她们俩的悲恸，他安慰她俩说："或许还有别的解释，他可能正在往回赶的路上，这是他被尘土覆盖的原因，是风尘仆仆。"

怀着新的希望，婆媳俩人开始往家走。快到家的时候，邻居出来看见她俩，说道："你们知道谁谁回来了吗？"

这俩女人立即转身，没有回家看她们的儿子和丈夫，她俩去找那个算命先生，掀翻了他的桌子，撕毁了他的相书。

我在那些文官家里住的时候，见过许多有趣的事情，度过许多庆典节日，我们很享受那些时光。

农民完成了一年的劳作，准备来年新的忙碌。新年开始了，新年假期是农民一年中短暂的休息时光。有时候立春正好是新年的第一天，经常会这样，这一定是古人特意安排的。每月的天数由月亮运转而定，新年这一天则是根据月亮的盈亏确定，种植和收获的时间根据夏暖冬凉来确定，也会根据太阳光照射的影子长度来确定，还会根据太阳在天空的方位来确定。

大清帝国的历官们全年都忙于这项工作，算来算去尽可能弄清楚阴阳两套历法之间的关系，根据月亮圆缺测定的是阴历，根据太阳运行测定的是阳历。因为除了立春这一日，还有冬至和夏至，立春必须和冬至、夏至这两日保持协调。当历官完成了全年的计算后，计算的结果被印成皇历，每一家书店都会销售皇历，在城市的每一条街道上也都有叫卖皇历的。

但是，无论立春比新年开始早几天还是晚几天，立春这一天都是人们最高兴的一天。因为这一天是迎春牛的日子。

全城人倾巢而出迎春牛，人们成群结队地走出东城门，涌向东郊的边缘地带。人们穿着自己的新年衣服，是最新、最艳丽的衣服。他们蜂拥而出，相互打招呼，看到的都是人群。人们成群结队地去看蓬莱城的官员们，因为所有的官员都必须去迎春牛，护送春牛回城。每个官员都身着各自品级的官服，有的穿着绣袍，有的穿着盔甲，套在色彩鲜艳的衣服外面，他们有的戴着有红色流苏和孔雀翎的顶戴，有的戴着高翼的头盔。他们有的骑马，有的坐轿子，走在队伍里，队伍的最前面是骑兵，还有敲锣的和举着华盖的，官员们的后面又跟着骑兵，每一位官员都随着欢快喧闹的队伍向前移动。

但是人们出来最重要的是看春牛，是来迎接春牛的，是要把春牛带回家。人们不知道春牛从哪里来，知道它从东方来就足够了，人们迎接春牛，要带它回家。春牛护卫队的周围挤满了人，那些官员的周围也挤满了人，在人山人海中，官员们护送着春牛回城。放在一个平台轿子上的巨大的春牛被高高地抬起来。在蓬莱是由十六个人抬春牛，因为这代表了皇帝——隋炀帝，春牛旁边是皇帝的侄子杨猛。人们说是因为杨猛性情乖张，导致杨家失去了江山。他的父亲叫他往东，他往西，他的父亲叫他往西，他往东，他的父亲想要死后被葬在山谷里，于是他告诉杨猛要把他葬在山顶上，杨猛说："这一次我要听父亲的话，我以前从来没有听从他。"就这样，这个家庭所有的运气都被吹走了。

迎春牛的队伍穿过城里的主大街，街道两侧的商铺在节假日期间都封上了门板，人群很挤，每个人都希望亲自看到今年春牛是什么颜色，因为通过春牛的颜色人们会知道这一年应该期待什么。如果春牛是白色的，这一年将会多丧事；如果春牛是黑色的，这一年将会是瘟疫和疾病之年；如果春牛是红色的，这一年将会发生火灾；如果春牛是黄色的，人们会兴高采烈，因为这一年对所有人都将是富足兴旺的一年。但是春牛很少是一种颜色。它的头可能是黑色的，它的犄角可能是白色的。它可能有一个黄色的背部，黄色中还会有一大块红色。春牛的颜色是由京城礼部决定的，是由皇帝的风水师决定的。

人们把春牛护送到知府衙门，把春牛抬进大院里，鸣礼炮，一串串鞭炮被点着了，杨猛举起他的纸胳膊用鞭子抽打纸春牛——皇帝隋炀帝。这是一个信号，人们冲向春牛，他们把春牛打碎，还会把春牛撕成小碎片，谁得到一块春牛的碎片，谁就是一个幸运的人，最幸运的是抢到牛头的人，他可以带着牛头去最近的当铺，他会得到五百文钱。

我还在钱家做工的时候，一天，我男人村一位有身份的女人来找我，她的男人是一位学者，还是一个医生，是一个有地位的男人，他有一个儿子，这个儿子也是位学者和医生，他比我男人晚一辈，所以他称呼我男人叔叔。他家的女儿要嫁给一个年轻人，这个年轻人是在满洲的宋庆将军手下的军官。年轻的军官不能回蓬莱接新娘，想要新娘被送到军营，新娘的母亲不能去。因为他们家富有，会有女佣和丫鬟跟新娘一起去，但是必须有人管理这些女佣和丫鬟，也必须有人代表娘家的女人，新娘比我小六岁，她叫我奶奶，因为我男人跟她的爷爷是一辈的人，所以他们请我去。

我的女主人说我可以去，女主人说在我离开的时候她会为我照顾满子。她向佣人们发出命令——她们不准打满子，不准以任何方式虐待满子。她还说会把满子当成自己的女儿看待。我一直喜欢去不同的地方见识见识，去认识不同的人，于是我们出发了。

我们骑着骡子来到芝罘，路上花了两天的时间，我们翻山越岭，涉水过河，这是我第一次去芝罘旅行。在芝罘，我人生第一次坐上了由男人拉的黄包车，我们登上一艘轮船，我们住的是一间特等舱。新娘、女佣、丫鬟和我个个晕船晕得很厉害。每一个人感觉稍微好受一点的时候，都要去照顾其他人，大部分时间都是我在照顾她们，因为老天爷给了我一个强壮的身体。因为遭遇了一场大风暴，我们在轮船上待了七天。当我们途中在满洲的牛庄上岸时，我们腰间拴着链子从船边爬下去。在我们旅行的时候，我一直想念我的闺女。

宋将军和他的军队驻扎在锦州，因此我们在山海关下船。然后我们坐着货车又走了五天，我们先向北走，再往东去，路实在是非常崎岖不平，以至于有时候我们必须紧紧地抱住车上的竹架子。为防止货物脱落，竹架子四周用绷紧的草席围起来。我们还把毛巾系在竹架子的顶端，人拽着毛巾来减轻颠簸。

婚礼的场面宏大，场景很热闹。我们花了一个月的时间，骑着马四处去拜访亲戚。但是婚礼结束后，我希望回家。他们劝说我留下与他们住在一起。我说我不能留下，我的孩子在家里，我很想她，我必须去找我的孩子。他们说可以安排人去接她，把她带过来。但是我想到晕船的痛苦，想到旅途的辛劳，这一切都超出了她年幼的身体所能承受的。另外，我思念我已经习惯了的那一方水土，满洲人说话不像我们蓬莱人说话，他们吃的食物也跟我们吃的不一样，我说我要回去。

有位军官的太太要回去，于是安排我和她一起走。我们登上了一艘帆船开始了航程。帆船只有一个小船舱，船舱用草席隔成两部分，我们俩人占用了一半空间。我们在这个洞里躺了九天，遭了九天的罪，有限的空间只能让我们俩人并排躺着，我俩一直晕船。

在航程的第五天，我们来到牛庄，看到港口到处漂浮着尸体，我们的船穿过这片漂浮着尸体的海面。那密集的尸体像投喂了面包的池塘里的金鱼。我们的船在尸体中间冲出一条路，浮尸碰到了船边，这些尸体已经被泡得肿了，裤子被水冲掉了，屁股露在水面上，他们的辫子都松开了，头周围的头发浸在水里。他们的裤子绑腿没有松开，他们正在睡觉的夜里可能出了事儿，所以他们都没有系好腰带，黑色裤子从他们脚踝处被冲下来。尸体已经发黑，肿胀的身体像穿着衣服的猪，从头脚两端飘出黑色的带子，他们的样子是真难看。

我在心里暗下决心，如果没有先结结实实地系紧裤腰带，绑好头发，我决不会在船上睡觉，我不想成为那样的尸体。

有人告诉我们，一艘炮艇要出发去制服回民暴动，锅炉爆炸了，这些尸体是炮艇上的士兵。

回民暴动是这样发生的：日本人、英国人和俄国人打成一锅粥，我不理解为什么会这样，但仗就是打起来了。战斗发生的时间跟日本人在蓬莱发射炮弹是同一时间。战争结束后，日本人抢占了台湾，俄国人抢占了旅顺港，英国人抢占了威海卫。正是日本人炮轰蓬莱的那个冬天，日本人从我们手里抢走了威海卫。

在这场战争期间，我主人李臬台的一个亲戚被杀了。他姓左，名叫祝贵，他是负责守护奉天皇陵的官员，官职不低。在战斗中他被炸得不知去向，尸骨全无，有种说法是找到他的一条腿，但也不敢确定是不是，他们永远无法确定。是英国人、俄国人还是日本人，谁干的我不知道，但是他太太对此非常愤怒，她是一个很能干的女人，她去找慈禧太后，她要求皇太后派兵给她，她要带领队伍去打外国人。皇太后没有准许她的请求。

李家和左家都是回民。左太太来到回民居住地，在回民中发动了暴动。清政府集结军队讨伐。他们让军队乘船出发去发生暴动的地方，船离开港口前，锅炉爆炸了，从此没人提出兵征伐。

正是在这次旅行中，我学会了吸烟。我因为想孩子，想家，觉得孤独，于是我学会了抽烟。年轻的军官太太有一个水烟袋，当我有心情抽的时候她会让我抽两口。我俩分开的时候，她把这个水烟袋给了我。

我们花了四天的时间从牛庄回到芝罘。当我们到达芝罘时，我感觉我又回到了家。一看到蓬莱的群山，我的心一下子亮堂了。

在我从满洲返回后不久我的主人就病了，他的病以及他的死有其他的原因，但是导致他死的最主要原因是他的闺女败坏门风。

知府委派老爷去莱阳县调查赌博事件，捉拿和处罚赌徒。据说他们在县衙门里赌博，被人举报了。

知府希望查看一下莱阳县的账目，与莱阳县令谈谈这些账目。而莱阳县令不肯来蓬莱，账册被莱阳城的长老藏起来了。于是要打官司，钱老爷被派去开庭审理。莱阳县令实在是非常生气，他用草扎了一个男人和两个仆人，在每一个草人身上都写上名字，他用棍子打三个草人，然后把它们烧掉。钱老爷病了很多天。

莱阳县令和莱阳城的长老之间夙怨非常大，他们的官司甚至打到了京城，双方因此被关进监狱很多年。

钱家老主人夫妇都是正直且有教养的人，但是，钱家的两个闺女说实话都不正派，姐姐比妹妹要好一点，姐姐已经有了婆家，所以姐姐没有做什么出格的事情。但是妹妹做了混账事。每当我们要去妹妹的房间时，我们总会咳嗽或弄出点其他动静提醒屋里的男人有人过来了。他是为钱家管理房产的年轻伙计，是在这个家里长大的。除了老主人夫妇，大家都知道这件事情。很多人想提醒老爷太太，结果反而丢了饭碗。男女主人都识字，于是有人在纸条上写字，把字条放在茶杯下，希望主人看见，但是每当这种情况发生时，总会有人被解雇。

一天，一个佣人进来问女主人，问她是否想要一些“臭蛋”。鲁西地区的人称皮蛋为“臭蛋”，而在我们这个地区，我们称皮蛋为“变蛋”。主人的闺女非常生气。

“娘”，她说，“你没看见这个佣人在骂我们吗？”没有德行的女人常常被称为“臭蛋”。于是我们再也不想提醒主人和女主人。

钱家请来医生给二闺女看病，佣人们都知道是怎么回事，甚至门房也知道咋回事，这事儿传出了家门，街上的人也知道了，但是老主人夫妇不知道是怎么回事，他们甚至还请来了外国医生，结果外国人也知道是怎么回事。外国医生来的时候，我们请求他不要给她开太猛的药，因为我们不希望她受罪，于是外国医生给她开了点没啥用处的药。

她“病”得很厉害，全家人都围在她身边。我把她抱在怀里。她的爹娘，她的姐姐和堂哥，这些人都在场，他们以为她要死了。

这时，婴儿出生在她的衣服里。钱家人听到婴儿啼哭的时候，他们才明白她为什么不舒服。女主人对我说：“把他送走。”我抱起婴儿的时候，婴儿还在他娘的衣服里，我用这件他出生在里面的衣服把他包好。我抱着他来到我干妈家。

我回来的时候，门房想知道主人给了我多少钱把孩子送走。

他说：“你把孩子抱走，他们给了你多少钱？”

我说：“一个子都没有。”

“一个子都没有？”他说，“我想他们至少放几两银子包在包裹里。否则我应该在你出门的时候盘问你，要求检查你从我们主人家里偷走什么，那笑话可就闹大了。”但是门房是我的朋友，因此什么事也没有发生。

钱家把那个小伙计打发走了。但是在那个小伙计离开以后，二闺女开始频繁见她的堂哥。

在当官的家中，钱家小闺女不是唯一不过规矩日子的人。另一个衙门里有一个女子，她愿意和谁睡就和谁睡，她甚至还和寺庙里的和尚睡觉。在那个时候，和尚进入私宅是不光彩的，是犯法的。

即使办丧事，和尚们来为死者念经超度时，他们也不进入停放棺椁的内宅。只有在晚上三更时分，当所有的家人都回到自己的房间关上门后，他们才能进去。和尚们白天在二门外的外院接待室念经，或者在街上两个牌楼的柱子之间为他们搭建的凉棚里，也有的在街的一头搭好的蓬布下念经。

那个跟和尚睡的闺女有许多私生子，她的一件风流事引发了一件丑闻。她和家里的管家勾搭在一起。闺女的母亲发现了这事儿，她去县令那里状告管家。为了自己的脸面，闺女的母亲用了其他的说辞，她说管家偷了家里的东西。县令没让这个母亲进入内厅，先听审了案情，他查明了真相，给了这个管家五十两银子，打发他走人，从侧门送走了管家。县令让姑娘母亲进入大堂后，她追问那个仆人下落，县令告诉她，他已经被关在下面的地牢里，于是她满意地走了。

但是在钱家，父亲死于愤怒和耻辱，这个闺女自己也没得好死。钱家没有儿子，因此从南方来了一个侄子主持葬礼，并结束了他们的风流事。他不肯原谅这个闺女，让她为父亲偿命。他用苛刻的条件逼迫她，以至于她迫不得已自杀了，然而那已经是他们离开蓬莱回绍兴老家以后的事了。

我在钱家住了三年。我去钱家时满子十二岁，当我离开的时候她十五岁了。钱家对我很好。但为了我闺女，我不能继续待在那里。对她来说这不是一个好地方。传教士的夫人伯恩斯太太这段时间一直找我去她那里。所以当她再一次派人叫我时，我决定去她家干活。

我对女主人说："我那老烟鬼病了，他们派人来找我。"

女主人问："他病得很厉害？"

我说他病得挺厉害的，我可能几天不能回来。她说那没关系。

于是我去了伯恩斯太太家。

我来到伯恩斯太太家，告诉她我可以为她干活。我在伯恩斯家工作了两天，当工钱讲好，我应该干的事情双方也商量好了以后，我回去见钱家女主人，告诉她我另找了一项工作。我告诉她，我闺女快成年了，她应该学一些持家过日子的本事，她应该学会做针线活和做饭，好找一个婆家，她怎么可能在衙门里学这些东西呢？衙门里的吃食都是准备好送给她，她想要任何东西时，她可以去拿，或者去买，哪有煮饭和做针线活的机会？

于是女主人让我走了。

钱家女主人对我非常好，她不愿看见我离开。她对我说："老爷补上实缺的时候，我会派人叫你，你要回到我这里。"但是钱老爷再也不能补上实缺了，他被气死了。幸亏有豪门大户丁家的官司，丁家的官司给我主人带来了大约两千两的银子，钱家用这笔钱举家返回了老家，也用这笔钱安葬了钱老爷。

我的主人在全省的官员中仅是一个小角色，如果我的主人在丁家的官司中得到这么多钱，那么其他人会得到多少呢？那场官司毁了丁家，丁家曾经被认为是胶东半岛最富的人家。

丁家是黄县最富的人家，发达了六百多年，甚至比蓬莱的戚家富得还早。老人们经常讲起丁家的财富和丁家开始发财的故事。

一只凤凰落在一棵树上，周围的人都出来看。凤凰飞走后，人们砍倒树把它分光了，粗树枝和细树枝一点都不剩，还有人甚至把树根挖出来拿走，但是什么财宝也没有找到。

那年冬天闹饥荒，一些难民来到这个村子，在难民中有一个生病的老人和一个女子，女子是老人的儿媳，她快要生孩子了。于是村民们合作在挖出树根留下的坑那里为他们搭建了一个棚子，把树坑布置成他们住的地方。老人在这里去世，一个男婴在这里出生。

他们没有地方埋葬老人，就把老人留在坑里掩埋好。然后他们在村子里为这个女人和孩子租了一间房子。孩子长成一个高大的男人，他们都叫他丁大汉子。丁大汉住在一个破败坍塌的房子里，靠给村民拾柴火、打零工甚至乞讨生活。

这个村子最富的人家是王家，王家有个闺女，王家的父母太喜爱这个闺女了，以至于拒绝了每一个来向闺女求婚的人，认为这些人都配不上自己的闺女。第二年新年，当祭祀祖先的供桌搭建好以后，王家小姐自己坐到了供桌上，她这样做是要告诉她的父亲："你把我当成家中的装饰品，当成让你们自己高兴的艺术品，当成一种可以敬拜、不可以使用的东西。"

她的父亲看见她时，心中勃然大怒，"去，"他对仆人说，"找个乞丐来，当她的男人。"

仆人们出去了，他们不敢不按照王老爷的话去做。他们不约而同地说："丁大汉子不是一直是个乞丐吗？"

于是仆人们去找丁大汉，他们遇见丁大汉时，丁大汉正沿路走着要去拾草。

"你想找个什么样的媳妇？"仆人们问。

"这是什么话，"他说，"对像我这样的人来说？"

"但是我们跟你说的是正事。"

"哈！"丁大汉说，"什么女人会跟我？"

"我们主人的闺女。"

“现在我知道你们说的话都是废话。”

“来吧，”仆人说，“跟我们一起喝壶酒，你会明白我们说的是不是废话。”

他们回到王家后，王老爷问：“你们找到人了吗？”

仆人们回答：“他来了。”

仆人把丁大汉带到前面，王家小姐拿着已经收拾好的一包衣服走出来，两个人一起去了丁大汉家的那个破房子，他们一起拜了天地后，生活在一起。

丁大汉每天都出去砍柴卖，他俩每天吃的食物都是用卖柴的钱买回家的。

终于有一天，她说道：“这是你能赚钱的唯一法子吗？你不能想一个更能赚钱的其他法子吗？”

“任何其他的法子都需要本钱，我能筹到本钱吗？”

于是她从腰带下取出二两银子，她从家里出来后一直把这些银子带在身上，说道：“拿这些钱做点买卖吧。”

“这些是什么？”他问。

“银子。”她说，“你看见银子都不认识？”

“如果这就是人人都说的银子，我知道什么地方有很多。”

她把篮子和拾草的耙递给丁大汉，叫他快去拿一些。到了晚上他带着一篮子银子回家了。于是他天天往返于山中，直到他们破旧的家的里屋装满了银子，银子堆到了屋顶。

过年期间，一天，王老夫人对管家说："虽然她爹生她的气，我没有理由让她受穷，把这些银子送给她，替我去问候她。"

于是管家去了，但是当管家把银子给王家大小姐时，她说道："我们不需要我娘的银子，我们的银子绰绰有余。"管家是一个可以信赖的人，她领管家来到放银子的屋子，给他看了这一大堆像一座山的银子，管家目瞪口呆。王老夫人亲自见到银子后才相信，她也是目瞪口呆的。

这是豪门丁家财富开始的故事，一切都是因为那个老人——丁大汉的爷爷被安葬在梧桐树下。

正是吃官司的丁家，给了我主人足够的钱，来办我主人的丧事和他们家返回老家的费用。这场官司是跟鞠家打的，事情是这样的。

丁家第五代的母亲是一个年轻的寡妇，她每天让一个瞎子乐师来家里讲故事消遣解闷，他们变得非常亲密，因此大家议论纷纷，但都不公开讲，因为她很富有。婴儿出生的时候，孩子被秘密地从后门抱出去，公开地从前门抱进来，一切都是安排好的，一个老太婆从后门抱出去一个包裹，另一个老太婆在前门乞求有钱的太太发发慈悲可怜一个孤儿。

这孩子以丫鬟的名义被抚养长大，但是她受到非常好的照顾，大家都知道她实际上是谁。女孩到了结婚年龄时，又为她找了一个好人家的男人，老夫人设法把许多土地和财产转移到这对年轻夫妻的名下，儿子什么也说不出来。但是当老夫人死后，儿子找麻烦了。老夫人临死前，给了这对年轻夫妇一张一万两的丁家钱庄汇票。当他们去兑换现金的时候，儿子声称这张汇票是偷来的，押着女子和她的丈夫去大堂，指控罪名是“被信赖的仆人抢劫主人”。如果像我的主人这么小的官员能从这个官司里得到几千两银子，大家都在考虑丁家在这场官司中花的钱一定超过一万两。两个县令和他们的助手，更不用说知府、司库、法官和其他许多人了。所以老人们说：“当官的有十条路发财，别人连一条路都难。”他们还说：

“衙门口朝南开，有理没钱莫进来。”

当钱家的主人因为他闺女的事气得生病的时候，他们派人叫我去伺候他，但是我找人回话说我不能回去，我刚在新工作中站稳脚跟。后来钱老爷死了，他们又派人来找我，我去了。白天，我在伯恩斯太太家做事，照顾她的孩子，晚上我去钱家帮忙，帮助钱夫人准备把钱老爷的尸骨运回南方，以及准备她们举家搬迁回南方。凌晨时分，我才回到自己家睡几个钟头。

就在那个时候，一天早晨我吓了一大跳。我正沿着河床往家走，光线很差，看不清什么。我突然听到一阵巨大的急促的轰隆声，感觉就像地震，我看到一块大东西越过我的头顶，落在远处的田野里。大块后面还跟着一串小一些的。我吓得蜷缩在地上。伯恩斯先生说这是一块陨石，他把一块石头放在他称为博物馆的房间里，博物馆在他开办的学校里。

当所有的准备事项都完成后，钱家女主人带着主人的棺材和两个闺女返回了他们的绍兴老家，主人被埋在家族墓地里，两个闺女也返回了家族。

第三篇

家人

（儿孙篇）

12

夫妻重聚（1899）

我的闺女满子现在十五岁了，她到了应该学会做饭、做针线活的年纪，是时候她应该学些小门小户过日子的方式了。因为她必须准备去她的婆婆家，这样生活才会安定。我也担心她在钱家看到的会对她带来不好的影响。我的老烟鬼在后面那些年变得更靠谱一些。他现在没有把我暂时寄放的东西拿走，还没等我回来取时就卖掉了。他现在不那么经常抽鸦片了，但是直到他去世，他一直没有完全戒掉鸦片。他有时候还抽鸦片，只是他抽鸦片的方法比较便宜了，把鸦片用纸包起来泡进水里，他喝这种鸦片水，这是穷人的方法。因而我们可以再住在一起了。在我们进城里时我租的第一个房子到了租期以后，他从一个鸦片馆搬到另一个鸦片馆住。后来当我和协台衙门的女主人生气，丢了工作后，我从张太太那里租一所房子，他住在我租的房子里。他在知县衙门前卖食物，满子给他做好食物，他装满篮子，白天在县衙门前度过。他挣的钱足够他吃穿。到了冬天，他确定需要穿厚点，我会给他添置一两件衣服。

年复一年地过去了，我的老烟鬼比他以前可靠多了，但是他一开口就说脏话，这是他母亲的错，她没有管教好他说话要得体，每句话都带脏字。我会对他说："你怎么说话？"

他会说："我就是这么说话。"

一天，他正在收拾地上的松果生火做饭——我们总是用松果烧火。那年冬天我们养了一窝小鸡，我男人的眼神不好，他总是要眯着眼看才能看清楚。这次他没有抬眼皮，认为小鸡是松果，想要把它们收拾起来，于是他把手伸进了鸡粪里，这让他很生气，他开始咒骂，他说："X 你妈的臭鸡屎。"

我们的邻居正站在门口，插话说："鸡屎可不好玩。"

我笑着说："真有你们的，你俩为什么要和鸡屎玩，凭什么要找鸡屎拌嘴。"

一天，是在过年的时候，我和我男人去看灯，我看到一个长长的东西横在地上，看起来像一条裹脚布。“它不是我的。”我心里说，继续往前走，我男人停下来捡起它，这是一条蛇，蛇冻僵了，它不会动了，它是被夹在一捆松枝中带进城的。松枝用来在炉灶下烧火。

当时我们是住在伯恩斯太太的厨师家，替厨师看房子。一天，一位算命先生对我说：“你没啥指望，你的命不好，你会嫁一个男人后再嫁一个男人，但是你的运气总是不好。”

算命先生给我算的运气这么坏，我伤心大哭，真想一头撞死。我对老烟鬼说：“有啥用？我永远不会离开你，因为其他人比你还坏。”

是时候该考虑我闺女的婚事了，我早就下决心为闺女找一个比我父母给我找的女婿要好的人。我不愿意让职业媒婆为闺女找婆家。我在亲戚朋友中到处提这件事。我姐姐的女婿说他认识这么个人，事实上我自己见过他，他是我姐姐的干姊妹的儿子，他跟着他的母亲来这里的时候，我见过他一两次。他家姓李，有兄弟五个，都是蛮不错、正派的年轻人。大儿子死于肺结核，二儿子已经结婚了，这是三儿子，他是水城军营里的一个鞋匠，我姐姐的女婿在那里当兵。这实际上是亲上加亲，我感到心安。当我定下这门亲事时我女儿十二岁，现在她十五岁了，是时候她要学会操持一个家了。

现在我们一起住在我从张太太租来的房子里，我为外国人工作了两年，我女儿管家，我男人比过去好了很多，我又让他睡在我的垫子上。过去那些年我们一直没在一起睡。但是现在似乎对我来说，我需要孩子，我的女儿很快就要结婚离开，嫁出去的女儿，泼出去的水，收不回来了。没有儿子，当我们老的时候，我和老头将怎么办？总得有个儿子为我们延续香火。

13

为传教士工作（1899—1902）

在我小的时候，外国人就住在蓬莱。我第一次见到那个留着黑胡子、高个子的外国人，我以为他是个魔鬼，我吓得蹲在路上，用胳膊蒙着头。但是逐渐地我习惯了他们。我母亲在世的时候，我们家大门跟外国人家的大门中间仅隔了几个门。现在，我从张太太家租的这个房子跟外国人的家只隔了一道院墙。张太太信外国人的宗教，并帮助他们宣传。在我母亲活着的时候，那些外国女人还拜访过我母亲。当我在官府衙门里做佣工的时候，外国女人要拜访那些官员太太。

张太太曾经请求我跟我的女主人安排她们的拜访。当伯恩斯太太想要给她的孩子找个新保姆的时候，张太太向伯恩斯太太推荐了我。

中国人家的习惯是，女佣住在她们服务的主人家，主人提供食物。外国人家的习惯是，女佣晚上回家，吃她们自己的食物。即使女佣被要求住在她们所服务的家庭的院子里，女佣还是要吃自己的食物，女佣的房间在远离主人家的后院，这样表面上看起来女佣至少有自己的家庭生活，所以我高兴为外国人家庭做事。

但是为中国人家庭做事要比为外国人家庭做事更容易一些。在中国人家庭，女佣早上给女主人端热水洗漱，给她梳头，然后再把饭菜端进去，这一天剩余的时间都是女佣的，她可以做她喜欢的事情。

在中国人家庭，佣人是在主人饭后吃剩下的饭菜，也吃为他们准备的饭菜。在外国人家庭会有拖木地板的活，我一直认为这个活应该是男人的活，但是伯恩斯太太让我来做，她还让我清扫地毯，她得教我怎样推动那个一头很重的外国拖把。

在中国人家庭打扫是很简单的，就是用一把轻便的扫帚扫干净铺着砖的地面。在外国人家庭铺床叠被是很累人的，这个活很难让那些对床铺很挑剔的外国太太们满意。给中国人铺床叠被是简单的，被褥叠好摞起来放在炕头的炕柜上即可。

在中国人家里洗衣服也简单多了，对那些不太脏的衣服，一个月洗两次就够了。在任何可能的时候，我们都在河里洗衣服。在河水中洗的衣服总是比在家里洗的更白，摸起来更舒服。我们也不像现代的年轻人洗衣服那样浪费肥皂，一块肥皂我们可以用几个月。在洗衣服的前一天，我们要从厨房锅炉底下取一些松枝烧成的灰，我们把水透过这些松枝灰渗出碱水，像酿酒那样透过粮食渗出酒精，我们会用这种溶液来漂洗衣服，第二天再到河里冲洗干净。这样洗的衣服摸起来很舒服，我们还会在石板上用棒槌捶打衣服，我们再把衣服摊在岸边晾干。我们会把男人的长袜子和女人的裹脚布用淀粉浆洗，直到把这些东西洗得又硬、又白、又漂亮。

我在为外国人做事以前，从来没有被要求洗不干净的东西。如果一个中国女人不小心弄脏了自己的衣服，她会在把衣服交给女佣洗之前自己先把污渍冲洗掉。用纸比用布更好一些，纸可以扔掉，而布每个月一定要洗。我们还觉得这样的事情是隐私，每个女人都对这些事情保密。但是伯恩斯太太不在意她用什么，或者说她不在意用谁的布，她甚至用孩子的尿布。这对我们中国人是非常不可思议的，没有一个女人会让任何人用她儿子的尿布，她担心儿子的健康会被偷走。有一些人，他们会为那些没有儿子的沮丧的母亲偷拿健康孩子的尿布，他们还会偷拿这个孩子吃饭用过的碗和筷子，希望能有自己的儿子。他们会把从这一家偷来的尿布和从那一家偷来的碗筷埋到子孙坑里，要留住屋里新生的婴孩。子孙坑是在屋内炕边的地上挖一个坑，儿子们的胎盘被埋在这里，闺女们的胎盘则被埋在窗外，因为女孩一定会离开家。

为外国人家庭做事比为中国官员家庭做事更难，而且给得少。唯一的好处是我可以住在自己家里。我认为在伯恩斯太太家做事会存下更多的钱，但是尽管伯恩斯太太每月付给我三千文钱，而中国人只给我一千文钱，我给中国人干活能存钱，给伯恩斯太太干活还花掉了原来存的钱。与中国女主人在一起时，我有房间、有食物，孩子也有食物，有暖气和水，我用工钱买衣服，可以把小费存起来，我大约存了三万文钱。只是在我开始为伯恩斯太太工作的时候，我花光了这些钱，我用这些钱安置了自己的家。从我的前女主人的丈夫去世的那天晚上开始，我为女主人工作，我又把这笔钱挣回来了。为外国人工作时，我住在自己家里，我必须支付房租，我要花钱买食物、取暖和灯油，还要买衣服。

为外国人干活时，在我回家前没有空闲的时间，回家后，我还有自己的活要干。伯恩斯太太是非常严格的，但是有时候不公平。

伯恩斯太太去芝罘旅行，她带着我一起去以便照顾孩子。我们出发后，来到了一个小旅店，我们要在这里停下来吃第一顿饭，伯恩斯太太问："你打算怎么吃？"

我说我不知道，我会听她的吩咐。

"可是你没带食物吧？"她说。

"没有。"

“你不是和你的中国女主人旅行去过满洲吗？”

我回答说我去过，“但是她吃什么我吃什么。”

接着，伯恩斯太太说：“我会借钱给你买食物。”

但是她给同行的小伙计东西吃，我认为这不公平。当我们到达芝罘后，吃东西很不方便，传教士们住在山顶上，食品商店都在山底下，我不知道要去哪些商店，我也没有时间去，我一直很忙，因此经常挨饿。那个小伙计和伯恩斯太太拜访的那家人的厨师一起吃饭，过得很舒服。我过得不高兴。

一天伯恩斯太太对我说：“自从我们来到芝罘，为什么你总是生气？”

我对她说了我生气的原因，她说这是惯例。我们俩一字一字地交谈，这是我第一次和她谈话。我的旧主人的确说过我的脾气不好，我已经尽力克制我的脾气了。

但是现在我是真生气了，我说：“我们回蓬莱后，你可以找其他女工，我要找中国人的家庭做事了。”她不认为我是认真的。

我们俩在芝罘时还曾经为我在星期天做针线活的事情起争执。我站在洗衣房的门旁边正在纳鞋底，那个小伙计正在屋里熨烫衣服。洗衣房的门正对着小教堂的门，我正在观察做礼拜的人们往里走。其中一个传教士看到我们，他告诉伯恩斯太太她带的人犯了安息日。伯恩斯太太过来看我们，我见她过来了，就快速地把鞋底塞进我的上衣宽大的袖子里，那个年代我们的袖子很宽大，但是那个小伙计的后背对着门，注意力很集中地在熨烫衣服，他被伯恩斯太太逮了个正着。

她说：“你为什么在星期日熨烫衣服？”

“因为你要衣服。”

“但是我今天不想要衣服，你今天不该干，今天是安息日。”于是她训斥他。

她没有训斥我，因为她知道我不是信徒。但是在我把鞋底塞进我的袖子前，她已经看到了鞋底。当我们俩来到她的房间后，她要求我不要在星期日人能看见的地方做针线活。我问她为什么，如果她们的上帝是一个什么都能看见的上帝，我在一个地方做针线活是错的，而在另一个地方做针线活就不是错的了？难道要遵守的规矩不是上帝的规矩？

后来一个星期天当我走进她的房间整理床铺时，她正在缝补她儿子的长袜子。我特意转到床的另一边，在这个地方她能看到我，我也可以看见她，我笑起来，她说道：“唉，我能做什么？孩子露着半条腿。”但是关于星期天做针线活的事她从此不再说我一句话。

那时候我们还没有吵架，但是我的压迫感越来越强烈。当我们吵架的时候，我说在我们回到蓬莱后，我要在中国人家里找活。就像上吊的人，用体重杀死自己，我一边跟她吵架，一边硬撑着，我用光了自己所有的钱，两千文钱，我过不下去了，我们吵架的语言更尖刻了。

“自从我来到中国，从来没有恨一个人像恨你这样。”

“自从我出来做工，我从来还没有干过这么糟的活。”

“我原本是把你看成非常有用的女人。”

“跟你说的一样，我一直都是一个没有用的人。”

伯恩斯太太不认为我是认真的，但是当我们回到蓬莱后，我去见了我的干妈，告诉她我的经历。

“给我一两天时间。”干妈说。两天后，她为我找到了一个很好的位置。有一个官员要离开蓬莱城，他愿意带上我和我的孩子，他可以为我的大烟鬼安排事做，我们会吃饱穿暖，还可以去旅行。

我去告诉伯恩斯太太，她哭着抓住我的胳膊，劝说我不要去。我的朋友们也劝说我不要离家这么远。我还有许多债务要解决，许多人欠我钱，我必须收回来。我解决了我的事情时，到那个时间，那位官员已经走了，但是无论如何，我决定留下来了。

我跟伯恩斯太太在一起大约两年，当我在她家干活的时候，我们经常去看丁斯特太太，她就是那个看望过我母亲的人，我们都喜欢丁斯特太太。丁斯特太太病得很厉害，她已经病了好几个月，活不了多长时间了。她从美国来的侄女和她住在一起，对她非常好，丁斯特太太也很喜欢她。

我们都喜欢这个侄女，我们把她看成这家的女儿，称呼她“小姐”。我们常常逗她，告诉她她应该结婚，她会咯咯大笑，接着尖叫，然后说：

“哦，不，我不能结婚，那样会杀死我，我的肺不好。”接着，我们会告诉她，一个人年轻时不结婚没有关系，但是当一个人老了以后，没有自己的亲人是很糟糕的。

后来丁斯特太太去世了。丁斯特太太疼得太厉害了，医生特意给她开了大量的止痛药，她终于去世了，她的侄女哭得实在厉害。

在丁斯特太太的侄女嫁给威尔逊先生前的那一夜，她把我们都召集到她的房间，跟我们说话，我们取笑她说：“所以你终究要结婚了。”

她说：“对我来说，除了结婚我没有办法了。”我们理解她，她的姑妈去世了，她本来期望和姑妈一起生活，但是，现在她的姑妈去世了。

威尔逊太太一直都是我的朋友。当我最后去了芝罘的时候，正是她帮助了我，她是一个好女人，但我从来没有信仰她的宗教，她甚至恳求过我信，她会让我跪下和她一起祈祷。我不信仰她的宗教，但我知道她是个好女人。

在她结婚的时候，她穿着白色的裙子，威尔逊先生穿着黑色西装。我们认为这是很糟糕的，黑白两色是哀悼的颜色。她说结婚穿黑白这两种颜色是她们国家的风俗，但她像我们一样坐着红色的轿子，她丈夫扶着抬轿的杆子，让轿子抬得稳稳地，她在轿子里很风光。

义和团的狂潮蔓延到了蓬莱，但没有人被杀死，我也没有看到任何神坛。他们练习功夫，他们进行演练，还会陷入全身僵直请神上身的状态。

一个人会说："我是关公。"另一个说："我是孙悟空。"还有一个说："我是猪八戒。"这些都是胡说八道。我笑话他们。有谣言说一些门被用血做了标记，还有谣言说水井被投毒，谣言像冬天的雪花一样纷纷扬扬。

伯恩斯太太被吓坏了，她跑来跑去准备离开，结果摔倒了，伤了膝盖。丁斯特博士担心他的未婚妻，六十多岁的他已经和北京的一个五十多岁的老传教士订了婚。他每天都在等待来自北京的消息。他说："我不知道我将能不能见到我的未婚妻。"后来他见到了她，并跟她结了婚。

在印刷室里有一个姓吕的男人，他的妻子上过学，她没有裹脚。她请求我给她找一双旧的束脚鞋，在她逃跑的时候可以穿。如果有人被杀，那一定是有一双天然大脚的女人——对于一个女人，具有一双天足就是她和外国人有联系的明确标志。那个曾经在协台衙门照顾孩子的老潘，她缠过脚，脚却很大，我给她借了一双旧鞋。

印刷室还有一个男人开始背诵佛教经文，这样他可以对义和团引用经文，义和团就不会知道他曾经和基督徒在一起。伯恩斯太太有一块木板，这块木板来自慈禧太后坐着梳头的那把椅子，我不明白这块木板对伯恩斯太太为什么异常珍贵，伯恩斯太太害怕了。

我说："害怕没有用。"

她说："害怕有用。"然后继续做她的准备。

只有厨师老韩不害怕，"我从来没有用我的宗教去压迫人。"他说，

“作为一名基督徒，我从来没有伤害任何人。”他一点儿也不害怕，一直在做他自己的事，他是唯一一个不害怕的人。

在我跟厨师吵架之前，我一直在伯恩斯太太家干活。我跟厨师有一个时期还曾经是好朋友，我们一家还住在他家给他看房子。当满子结婚的时候，老韩的儿子还作为满子的哥哥去送嫁。后来我们争吵起来，并且没有办法缓和，因此我回家成了一名商贩。

14

满子的婚姻（1901）

满子十七岁了，那个时候我还在为伯恩斯太太做事，我觉得满子应该结婚了，当时我正怀着身孕，随着新的家庭成员的到来，满子是时候应该去她的婆婆家了。满子的父亲说我们没有足够的钱举办婚礼，但是我坚持要办。对满子来说，已经到了该结婚、该有自己家庭的时候了。

然而，满子把她的人生中所有的不幸都责怪于我。但是女人应该结婚，这是女人的命，是她传宗接代的幸福。一个人是没有法子计划未来的，当事情发生的时候，我们应该顺其自然地接受，那些对未来过于谨慎的人只会吓唬自己。人一辈子都走不出命，人出生的年、月、日和时辰决定了每个人的生辰八字，命和自己的生辰八字有关。

于是我们为满子举办了婚礼，我的朋友们都来帮忙，满子是在三月初七这一天出嫁的。伯恩斯太太的厨师老韩的儿子与满子同岁，他作为满子的哥哥去送亲，带着满子去了新家。我认为我为满子做得很好了，这个年轻人有一个不错的岗位，在水城驻扎的军队里当鞋匠，有活干就应该有饭吃。

满子结婚十七天后，她又回来了。在那十七天期间，她吃的是我的食物，我把食物给她送过去，今天送一篮子饭菜，明天送一袋子馒头，在蓬莱这是风俗，姑娘结婚后，她的娘家要为她提供大量的食物，甚至还要准备第一个孩子的衣服，但是我做的远远不止这些。在她结婚的那一天，我就接管了他们，他的父母离开蓬莱去了满洲，除了炕上的垫子和一床被子，他们打包带走了家里所有的东西。

第十七天后，满子回家了，我留下了她。他一直没带一分钱回家。他在水城的军营里，有食物吃，一个月还有三两银子，但是他甚至连一文钱也没有带回家。我在我住的院子里，给他们租了一个东厢房，那个时候房子的租金不高，他们在那里住了三个月，我养活他们。一个邻居说："你女婿不带食物回家吗？"

“没有，”我说，“没有一袋面，没有一顿饭，也没有一枚铜钱。”

“他能领到三两银子，还有吃的！”

那天晚上他回家后，我问他：“军营还没发工资吗？”

他非常生气，结果离家出走了好几个月，我们既看不见他的人，也听不到他的任何消息。我没有继续租那间厢房，让我的闺女跟我们住在一起。

那时我已经怀孕，在十二月，我又生了一个女儿。正是在那个时候，我们有了他的消息，我们收到一封信，信中说他在青岛给外国人当兵，一个月挣八两银子，那时我们还认为一切都会好起来，他每个月肯定最少也能捎二两银子回家。

生完孩子的第四天，我就下炕了。我去张太太家帮忙，她家里有人去世了，我帮他们在鞋子上缝白布，做粗麻布衣服，我感觉不舒服。

我回到家，在炕上休息。我这次生孩子很艰难。我舅舅正好来看我，家里的其他人都围坐在旁边，我们正在说话。有人敲门，他进来了。他已经离开家很久了，从来没有捎给家里一个铜板。在那个年代，男人头顶的头发都要剃去一半，只留下脑后的头发编成辫子。他的那些在头顶上应该剃掉的头发很长，这些头发垂在脸的两侧，垂到了下巴。他的脸很黑，好像他曾经在煤矿工作。他穿着一件短棉袄，还穿着一条只到膝盖的薄棉裤，他垂着头坐在凳子上，膝盖冻得发抖。没有人和他说话，我们都太生气了。他穿着破棉袄弯着身子坐在那里。最后他说道："唔，我最好走吧。"

此刻，我看着舅舅，舅舅同情他说："这么，你回家了？"

"嗯，回来了。"

"我以为你是个上等兵，为外国人工作，一个月挣八两。"

"想必是有人写信散布关于我的假消息。"

我舅舅很反感他，站起来要走。"就这样，我会再来看你。"舅舅这样说着，他离开了。

"你现在打算做什么？"我问这个年轻人。

"住在这儿。"他的话生硬。

"你怎么能住这儿呢？这炕上哪有什么地方？炕上已经有我的闺女、你的妻子，我和我怀里的孩子，还有她们的父亲，哪有地方给你？"

"我可以躺在灶王爷的壁龛里。"

"行。"我说，"你盖什么东西？我们能躺在炕上暖和的被子里，而你躺在外面有什么东西盖吗？我们有一床多余的被子给你吗？"最后我男人带着他出去，给他找了一个住的地方。

我们家里有一些面粉，是张太太送给我们过年的。我对我男人和闺女说："他又穷，又饿，过年的时候可能没有饺子，我们在小麦面里兑些高粱面，在大年初三叫他和我们一起吃顿饭。"因此我们叫了他，他也答应了。

后来我们听说，这几个月他一直住在北城门的门楼里，他一直和张庆子、顾金子这些人住在城门楼里，这些人是一些头顶留着黑发的二流子，一群和他一样的废物，他们称呼他为李云子。他们晚上睡在城门楼里，白天在城里到处游荡。

大年初二，有人敲门。孩子爹去看看是谁，有什么事。他还没有来得及把门开得大一点，一个男人把脚伸进了门缝，他是一个强壮的男人，是我女婿。我丈夫没法把门关上，于是他进来了。由于在大年初三前闺女女婿见丈母娘是违反风俗习惯的，因此我对他说：

“你为什么今天来？我们不是叫你初三来吗？”

“我来找我老婆，”他说，“我要把她领走！”

“你要把她带到哪去？你从来没给她一顿饭。”

“她是不是我的老婆？”他的目的是要把她带走卖掉。我生气了，骂他。他脱下外衣，把小辫子缠在头上，摆开了架势，要和我打架。

我闺女抱着我的腰哭叫道：“娘，娘，我跟你在一起。”

我说：“找个人给你做担保，我会让你领走我闺女，这是唯一的法子。”

这时我男人走上来，说了很多话才让他离开。但是我女婿找不到一个人为自己做担保。

他去见了住在附近的我的一个老叔叔。

“告诉我丈母娘我不会好的，最好给她闺女找个新主。”

“这是什么话？”我叔叔说，“我不去说这个话。”

我问叔叔他说了什么。“他不是人，我怎么能跟他说话？”

“为什么你不扇他耳光？”

邻居们来提醒我说，我要小心了。

一天，我想要和一个邻居去串几个门，她的十五岁的闺女说：“如果你想要和我娘一起去，我会和你闺女待在一起，和她做伴。”

于是我怀里抱着孩子出门了，我走前最后一句话是“要把门闩好”。

我还在别人家的时候，几个邻居跑着来了：“他闯进去，偷东西了。”我赶紧往家走。

我离开家后他来了，在门口敲门，邻居家的姑娘走进门口，他又一次强行闯进屋里。他对他的老婆说：“我要抽烟。”因此她俩为他准备了烟管，小姑娘伺候他。他坐在那里抽着我的水烟管，“咕噜，咕噜”。

“我娘留给我们的被子在哪里？”

我女儿回答说：——她有点常识——“我把被子当了换了吃的，你不给我吃的。”事实上被子没有被当掉，而是藏起来了。

“那么，”他说，“我要拿走这个，还有这个。”他拿走了我们叠好放在炕脚的那条又大又厚的被子和我的水烟管，从满洲回来时军官太太给我的那支水烟管。

两个姑娘开始喊："有贼，有贼。"邻居们开始围上来。

十五岁的姑娘抱住他的腰，用尽全身力气阻拦他。但是对这么一个强壮的男人一个十五岁的姑娘能做什么？在邻居们拦他之前，他逃走了。

我们搜查了一些当铺，最后张大头——隔壁鸦片馆负责人的女婿，遇见他正从北大街一个当铺的台阶往下走。张大头问他："你在这里干什么？"

他回答："呸，这与你有什么关系？我不该在这里干什么吗？"

当我们去了那家当铺时，我们发现他把这些东西给当死了，没有赎回权，因此我的这些东西都丢了。

由于这件事情，我不敢把女儿留在家里，我带她去张太太家住了三天。张太太在她家办了一所学校。张太太说："这里有许多男学生进进出出的，对于年轻的女人，这不是一个合适的地方，你最好找一个更合适的地方。"

我带着女儿去了我干妈家，把她藏在那里。

张太太家有些计件的活，我要干几天的时间。我锁上了屋里房间门，又锁上了外屋的门，还放了一块大石头顶住门。我走出去穿过邻居家的院子，把孩子交给他们。当张太太放学后，我去邻居家给孩子喂奶，他们对我说："孩子饿了，你也饿了，待在这里给孩子喂喂奶，喝一碗稀饭再走吧。”

于是我给孩子喂了奶，自己喝了一碗稀饭，然后我回到家，看到石头已经被挪开了，外屋门开着，但是我房间的门关着。当时我心里想：“为什么外屋门开着，房间门还锁着，石头被挪开了呢?”

这时我看到窗户被打开了——他来过这里了。他打开了我的箱子，拿走了所有的衣服，包括我一直替叔叔保管的他的衣服，我为孩子爹准备好的冬天的衣服，我女儿穿过的结婚的衣服，炕上的被子也没有了，他把所有的东西都卷起来拿走了。

邻居们都赶来了，来了这么多人，结果我们这条街简直像一只敞着口的开水锅。

我陷入巨大的痛苦之中。在痛苦中，我想到了协台衙门老主人的儿子。老主人夫妇已经离开了，但是他们的三儿子还在蓬莱，他是一个见习文官，他认识水城军营里的官员，我女婿是在水城登记入伍的。

我去找老潘，我和老潘曾经在一起做事，她是协台衙门的老保姆，她照顾过三少爷年幼的弟弟和妹妹。老潘去告诉三少爷我的事情，老潘还正在讲着，三少爷就派四个差役去捉拿我女婿那个狗东西。

我老主人的儿子说：“他不是吃过我父亲的朋友、王将军的粮食吗?他不是去年秋天偷了三套军装逃跑了吗?”

消息送到了军营中的将军那里，将军派出士兵抓捕他。

在那个时期我男人表现得还比较好，他还在知县衙门前卖食物。

有人告诉他这件事，他赶回了家。

那时张大头对他说：“你不打算去报告知县你丢了东西吗？”

但是他回答说：“我为什么要去？我的八字干净。”这是因为他过去偷东西，现在不偷了。

当四个衙门差役来到家里做调查时，我去告诉老潘才刚刚回家。张大头对差役讲着，邻居们对差役讲着，邻居们还领着差役看现场。这时，一个在街头卖糖果的小男孩说：“我看见小偷了，不是他，是顾金子。”

顾金子是这一带有名的小偷，我们都认识这个人。他是和我女婿一起住城门楼里的那些人中的一个，但是没有人知道他现在住在哪里。

一个邻居说：“在北门外。”

但是另一个说：“他不是在南门外蒲家洼村有个女人吗？”

张大头带着衙役去抓小偷，许多邻居也去了。

当差役和邻居们到达浦家洼村时，他们发现要找的那个女人正在流经房屋前面的小河洗衣服。那个女人问他们要干什么，他们说：“我们要找顾金子，他在哪里？”

她说她不知道。但差役强行闯进了她的家。顾金子一直在睡觉，听到吵闹声，跳起来要逃跑，但是他没来得及翻过后院墙，他们向他喊道：“你把东西放在哪？”

“什么东西呀?”他跑了，一边跑还一边向差役扔石头。差役向他扔棒槌，棒槌打中了他，差役抓住了他。

那女人的箱子都被打开了，里面有一批我的衣服。

在差役抓住顾金子，把他带到县衙门的同时，士兵们也抓到了另一个，把他带到水城军营里。

邻居们对我说：“他被抓住了，你是他的丈母娘，你应该去军营向将军磕头救他。”

我为什么要救他！我恨他。

他在军营里被关了一夜，早上我被传唤。军营里的两位将军，王将军和李将军，他们俩都认识我，都是我的老朋友。王将军责骂这个年轻人，说：“你为什么要给你丈母娘惹这么大的麻烦?”

这个年轻人被打了五百大板，后来鞋匠的头头——一个姓王的人前来替这个年轻人向将军求情，他偷三套制服的事得到了将军的原谅。老王还说服将军接受这个年轻人，让他回到原先的岗位，鞋匠的头头老王为他做担保，劝说将军让他重新入编。但是将军说，他必须先受到惩罚，戒掉鸦片瘾。他们把他关在操场附近的一间屋子里，禁闭一个月。将军还要求他加入“蔡李协会”，是由一些不抽、不喝的人组成的社团。

当他结束关押后，老王带着他来找我，恳求我接受他回来。老王对我说了很多好话。

“他来了你不高兴吗？烟瘾戒掉了，让我们把他改造成一个人吧。”

“但是如果他回来，还不是个过日子的材料呢？”

“我会认他当我的干儿子。”于是老王给他做了担保，“让他俩住在一起，让他开始自己的家庭吧，如果有任何麻烦，找我。”

老王在水城给他俩租了房子，他给他们买了粮食。他俩住在了一起。他好了半个月，然后又变坏了。他对鸦片的欲望比以前更强烈。他偷邻居的东西，他卖掉了自己的粮食，我女儿没有吃的东西，他的干爹老王安排粮店以赊账的方式给我女儿食物。

三个月后，干爹老王带着我的女儿回到我这里。

“接回你的女儿吧。我没有办法了，我管不了他。”

他已经被军营除名了，又混在街头。谁对他好，他就偷谁的东西。他在北郊一家店里偷了三斗粮食。他会磕头，说他的困难，说他已经一天没有吃东西了，“给我一个玉米饼子吧”。看到馒头他会说：“多好的馒头，多好的馒头。”然后抓起馒头就跑。他从我干妈的店里偷过洋葱。他在街头流浪，吃的东西都是偷的。

他们在一起住了三个月，我女儿怀孕了。

15

子孙（1902—1910）

一天夜里，我梦见天正下着雨，雷声轰鸣，雷打进了屋子里，我叫满子起来把门关上，但是她起不来了，雷击中了满子，她变成了一个火球。

这时我闺女的闺女淑德出生了，她是在兰太太家出生的，她没有出生在自己的亲人家里。

当我的头一个外孙闺女快要出生的时候，满子还住在我家。按照风俗习惯，孩子不应该出生在姥姥家，这是不符合规矩的。尽管我不太在意那些规矩，但是兰太太说：“在我住的院子对面还有几间房子，让你闺女去那里生孩子吧。”

“但是外国人会允许吗？”我问。

“他们不会知道这件事，”她说，“而且，即使他们知道了，也不会介意的。”当时我们那里有一群很好的外国人。于是我闺女去了兰太太那里，孩子出生了，兰太太是助产士，她照顾我闺女。我闺女在兰太太那里住了两个月。

这时候有人开始劝我说，我家女婿或许做了父亲会好起来的。他自己也直接登门，恳求我帮帮他。我能怎么样呢？我接受他回来了。淑德是在四月出生的。

但是在五月的时候，衙门的差役来找他，要抓他走——他又偷东西了，因此我们告诉他最好去别处找事做。他说他要去威海卫，有一条船在黎明的时候出发。在那天夜里，我起来给他准备食物，煮了鸡蛋，热了一些馒头，给他送行。

我们认为他已经走了。一天，一个邻居对我说：“你的女婿不是已经走了吗？”

我说：“是的，他已经走了。”

“但是他不是在主大街上的鞋匠铺里吗？”

我去了那家鞋匠铺，问道：“李明在吗？”“明”是他小时候的名字，家里人用这个名字。他的正式名字叫“云”。

他们朝店铺后面喊道："李明。"然后他出来了。

我说："你为什么没有走？"他无话可说。

我把他带回家，我们商量了一下："让我们送他去在满洲的他的父母那里吧。"但是没有钱。

有人给他提供了三百文钱，我们给他买了一个大圆饼，圆饼像小车轮子那么大。我们与船长安排好带他离开。衙门的差役登上船，因为他偷过东西，他们要把他的铺盖和衣服拿走。但是我男人替他求情说："我们互相都认识，在一起都是朋友，他要离开蓬莱了，别让他挨冻吧。"

所以他的衣服给他保下来了。但是他想的全都是那个大饼，他把大饼紧紧地抱在胸前，像抱了一个锅盖一样，说道："在路上我全部吃的就是这个了。"

我们知道他找到了他的父母，因为他的母亲给我闺女捎来了三尺红布，给孩子捎来了一块花布。这是这一家人曾经为我闺女和她的孩子所做的一切。

我男人嘟囔了好几遍："你定的姻缘，你找的女婿。如果是我定的，那就全是我的错。"

那一年所有的邻居都怀孕了，整条街上每一所房子里都降生了新生命，甚至那些以前没有生过孩子的家庭，现在也有了孩子。

我闺女对邻居们说："你们大家都高兴。"她感觉到手指有脉搏跳动，这脉搏跳起来像手腕上的脉搏。通过这个迹象，她知道自己又怀孕了，这时她的第一个孩子还不到两个月大。

这个孩子是在新年前出生的，这又是个女孩。

生完第二个孩子后，我闺女病得很重。她的眼睛非常亮，她能吃二十个鸡蛋、十个小馒头，喝好几碗稀饭，但还是没有饱的感觉。

我从一个地方走到另一个地方去卖货，我一边走，一边诉说着自己的困难，我的心被堵得满满的。我见到了蓬莱当地威望最高的一个医生的妻子，当我在那几个衙门干活的时候，我认识这个医生。她说："我会请老爷去看看你的闺女。"

但是我不相信，还断言说："他坐着轿子，怎么会到我的狗窝呢？"

这位医生来了，他坐着轿子来到主大街，然后步行穿过我们门前那条狭窄的巷子。他穿着一件大皮衣来了，还戴着高高防风的皮毛领子。他给我闺女开了药方，我闺女感觉好多了。他没有收出诊费，也没有收药费，我们在他开的药店抓药。

我怀上了孩子，身子又重了。张太太对我说："你整天背着一个包袱，晚上又照顾你的外孙女。"我的小闺女那时候已经死了，她一直拉肚子，已经死了。

"你的身子重了，要是万一孩子受伤怎么办？"我还真的掉进了一条小河里，这条小河流经水清村。幸运的是，我穿了两条棉裤，因此没有受伤，我的鞋子陷进了淤泥里，往外拔的时候鞋都被拽掉了。

到了正月，我开始害怕出门，但是我不得不出去。在孩子出生的五天前，我还去了北街买粮。

孩子出生了，邻居们对我叔叔说："福到了。"

"生了个什么？"

"是个儿子。"

"哦，我们不会那么幸运吧。"叔叔很高兴，所以他这么说。

叔叔说："我要给他起名字，我给他起个名叫锁柱，我们要把这个宝贝孩子锁在我们身边。"叔叔送来了一千文钱，还为我买了鸡蛋。

在儿子出生后的第八天，我又出去卖货了。邻居们说："你这样会伤了腿脚。"但是没有其他办法，我必须去。

我和女儿两人做了一个安排——夜晚和早晨，我照顾两个婴儿，白天她照顾他们两个。

我男人现在五十四岁，他身体不壮，生病了，他病了一个月，然后他就死了。在他生病的那几年，他一直都挺好。但是他死以后，我没有想他。我有儿子，我很高兴，我的家建立了。

儿子带给我的喜悦太大了，以至于我对自己说："既然我的家安定下来了，我闺女的家难道不应该安定下来吗？"

于是我捎信去满洲——我女婿和他的父母住在满洲，我叫他回家。他穿着父母给他的漂亮衣服回来了。我在晚上去邻居家睡觉，把我的房间让给他们。

我闺女又生了一个孩子，又是一个女孩。

我们住的房子靠近一个大菜园，我儿子和外孙女们会像我小时候那样在菜园里玩。有一条河从城市的这个区域的房前流过，孩子们喜欢在河床上玩耍，喜欢用沙子和小石头盖房子。在春天和夏天，我们提醒孩子们要小心，因为有时候山洪会使河水突然上涨，人会被洪水冲走。

一天，天下了一场大雨，雨下了一整夜，下得很大。半夜里，住在院子对面的邻居呼叫我，她问道："你家里进水了吗？"

我说没想到这个问题。我坐了起来，顺着炕沿放下两条腿——那个时候，我们家里没有灯油，我把两条腿沿着炕边伸下去，双脚踩到水里，水浸没到了膝盖。有东西漂在水里，这东西又长又圆，它打到了我的腿，我惊呼有蛇。这时我点着了一根火柴，这才看清它是从角落那里的炉子里漂出来的一根引火柴。流经房子附近的河水泛滥了，我们所有的房子都灌满了水。

最大的外孙女和儿子去张太太的学校读书。在下雨的日子，我们会告诉孩子们不要去，我儿子听我的话，但是淑德会趁着没有人注意的时候溜出去上学。张太太对她非常好，她会留下淑德和他们一起吃午饭。在张家他们吃两样饭，张先生是一位牧师，他吃的比较好，吃白面馒头，菜里有肉。张太太和女孩子们吃玉米饼子，把豆腐作为她们的营养品。他们会邀请淑德和他们一起吃饭，有时候张先生会从他的盘子里给淑德食物。张先生和张太太对我和我的家人都很好。

我们家的隔壁是一家牛奶场，那里养着几头奶牛，牛奶场卖牛奶给外国人和抽鸦片的富人。越过牛奶场是丁斯特太太住的房子，丁斯特太太家的隔壁是伯恩斯太太的房子。

我女婿和我们住在一起，但是他一直都是个废物。

这样又过了几年，他还是一无是处。当时家里有三个闺女，淑德已经七岁了，他又说起卖老婆孩子的事。

“嗨，”他说，“有闺女也不是那么糟糕的事，每个闺女可以卖三百两银子，我们可以用这些钱过好长时间。如果没有闺女卖了，那我可以把你卖三百两银子。”

后来他想叫淑德去学唱戏，做女戏子，他算计着等到淑德十二岁时，淑德就能赚好几百两银子，所有人都会过着享乐的生活，然后，等到淑德十七岁或十八岁的时候，他会把淑德卖给一个有钱人作妾，他要用这笔收入度过他的余生。

小闫女十分害怕他，她总是来和我住在一起。

“我不想和那两人住在一起。”她说。当她看到她爹时，她撒腿就跑。

那时他正在做鞋匠的活。一天一个小鸦片店的老板娘对他说：“我这里有一对鞋帮，我想找人把它缝在鞋底上，这个活你要收多少钱?”

“干嘛,”他说,“我们还谈价钱吗?我们不是朋友吗?我给你做什么都不要。”

接着老板娘说:“这怎么能行。但是如果你能帮我把鞋帮缝在鞋底上，我们管你饭。”

于是他坐着缝了三天鞋，吃着他们家的食物。然后他说:“由于鞋做好以后，还应该撑一撑，我要把鞋带回去撑一撑。”老板娘让他带着鞋走了。

三天后，当他没有带着鞋来的时候，老板娘出来找他要鞋。她去了鞋铺，她把他叫出来说:“鞋在哪?”

他说:“没问题，我去拿鞋给你。”

老板娘说:“你不能单独去，我和你一起去。”她抓住他的外衣，跟着他穿过几条街道。他领着她来到城里的主大街上，那里有很多人，想让她因为不好意思而松手放他走，但她还是抓住他的外衣，紧跟着他。他看到甩不掉她，就解开了上衣的扣子溜走了，她手里只剩下一件空外套。

然后鸦片馆老板开始找他，他找到他说:“你必须把鞋拿给我。”

我女婿说他去取鞋，鸦片馆老板说他要和他一起去。他们来到了他的一个朋友家，在门口敲门。

“我和你一起进去。”鸦片馆老板说。

“不行，”他说，“这是私人家，女人们还没有起床，你进去打扰她们是不对的。你在这里监视我，如果你盯着大门，我跑不了的。”

于是鸦片馆老板在一个小土堆上一屁股坐了下来，看着这个不中用的东西没有翻墙跳出来。他坐在那里盯着、看着，我女婿一直没有出来，然后到了中午了，他还是没有出来。于是鸦片馆老板去敲门，屋里的女人出来了，他问：“李明在吗？”

这女人回答：“李明？他来过这儿，但早走了。”

“走了？可是我一直盯着大门。”

“他从后门走了。”

从那时以后，我们再没有见过他，他去了满洲——朋友说他们在满洲见过他。他一直给自己扎吗啡针，他身上的肉不断腐烂，一块块往下掉。

我女婿是李家五个儿子中的一个，五个儿子没有一个成材的。第一个死于肺痨，第二个是个赌徒，第三个是我外孙女的父亲，第四个死于肺痨，第五个和第三个一样，没有一个有人样。他们都是废物，其中有的身体不好。这是他们母亲的错，他们小时候像野马一样到处跑。

当他们的父亲想要惩罚他们的时候，他们的母亲总是护着他们。如果父亲不让他们吃饭，她会悄悄地拿食物给他们，没有经过父亲的许可就拿食物，所以他们长大后不知道对和错。

哪有父母不疼爱自己的孩子？老一辈流传下来的一句谚语：“虎毒不

食子。”

但是我不是以我闺女的婆婆抚养她儿子的那种方式被抚养长大的，我一直遵守我的父母教导我的方式，我尽力用同样的方式养育我的孩子和外孙女们。

我父亲是一个严格的人，如果他发现我们中有人在街上打架，我们会被带回家因为打架挨打。父亲任何时候都不会先说话弄清楚我们是否还有什么理由不该挨打，不管我们有理还是没有理。

很少有父母像我的父亲那样有原则，有些父母有时候甚至鼓励孩子去拿不属于他们的东西，他们认为那是孩子的聪明。在我小的时候，我们有一个邻居，她的儿子和其他孩子一起出去拾柴草，我们每个人都拿着一把小镰刀，他拿走了一个小男孩的镰刀，当小男孩大声哭哀求着要拿回他的镰刀时，这位母亲说她一点都不知道这件事情。的确，那个时候她还没有看到镰刀，但是当她倒空儿子拾草的篮子，发现有一把镰刀时，她没有归还镰刀，也没有惩罚儿子，她认为这是儿子的聪明。邻居们都指责她。

我们现在有另一个邻居，一位军官的妻子，他们家的小男孩看到什么会拿什么，没有人能把自己的东西要回来。这位母亲从来没有责骂过她的儿子，她认为自己的儿子聪明，还把这种行为称为“能干”。

我们家女人的命真艰难。我们的命运是写在老天爷天书里的。在我们还在娘胎里的时候，我们的命运已经被决定了。

我姨妈家里有生意，她是我母亲的妹妹。她家拥有一个金银商铺，他们家有地有钱。姨妈有三个闺女，老大不漂亮，脸上有麻子，她嫁给了我们村一个同样姓宁的人，而且是一个家里有地有钱的人。她的日子和别人的日子没有表现出有什么更多的不同。

但是第二个闺女非常漂亮，她看起来像画里的女人，没有人能挑出她身上有什么毛病。她的头发乌黑浓密，像一顶非常合适的帽子戴在她的头上，她的皮肤白里透红，她的眉毛像柳叶，嘴唇像樱桃，鼻子挺直，眼睛下和鼻子周围的轮廓线清晰，她的脚很小，脚型又好。看到如此的完美匀称，算命先生除了说好，还能说什么呢？

她嫁给了这样一家：家里的公公学问顶好，不过岁数太大，不能再教书了。她男人除了提笼遛鸟和抽鸦片，什么都做不来。鸦片真的一直是我们家女人命里的诅咒。

我姨妈送食物给她闺女，让她能维持生活，但是不能送太多来维持他抽鸦片。我姨妈还借衣服给闺女回家探亲时穿。一天他来拜访我姨妈，说他老婆想回家看看，姨妈说她会找人送衣服，他说那太麻烦了，为什么不让他带回去呢？于是姨妈把自己儿媳妇的衣服包起来，还带上几个银发夹，这样她的闺女可以体面地穿戴着走过街道回家。她们等了几天，盼着她回来，最后我姨妈派人去看看她是否病了——她甚至没有听说过这件事。他把那些东西典当换了鸦片。我姨妈赎回了这些衣服，因为这些衣服是属于她儿媳妇的，对姨妈家来说这些衣服丢不得。

我的这位漂亮的表妹有两个儿子，老大有痉挛病，老二在他父亲死的时候也死了。表妹没有了生活依靠，因此她被迫再嫁了。

我们家女人的命运似乎真的很不幸。

我爷爷去世后，父亲和叔叔分了家产，因此当我父亲破产的时候，我叔叔还有一点财产，但是不多。在我生活困难的那些年，叔叔一直对我很好，但是他不能养活我。我们关系融洽，我在家的时候，他总是喜欢来我家看我，他住的地方离我租的房子很近。

我叔叔只有一个闺女，当他看到我和姐姐以及我们表姐妹几个人的婚姻结果是这么糟糕时，他说他要在嫁闺女之前了解清楚有关这个男人的一切。于是他把女儿嫁给了住在他们家街对面的一个邻居的儿子，这个年轻人是一家干货店的店员，小伙子做事很好。

他们结婚了，生了一个小女孩。那是在日本人入侵的那一年，这个年轻人和他的朋友一起爬上城墙看日本人的船，他摔了下来，摔断了一条腿。他是从离地面还不到一人高的地方摔下来的，但是他摔断了腿。他们请来了一个中医，中医看了他的腿，给他把了脉，告诉他必须禁止男女同房，还必须忌口某些食物。

我不知道他做了哪一件他不该做的事情，但是他的腿肿了，腿肿得非常厉害，以至于用来护腿的竹子夹板反而被腿上的肉包裹起来。他们又请来了一个西医，他的腿不得不被截掉，所以他的余生一直都要三条腿蹦着走。他不能在店里做店员了，他和他的弟兄开了一家他们自己的商店，但是又失败了，他们卖掉了剩下的一点财产，带着孩子回家和我叔叔住在一起。

他和老婆曾经分居很多年，但是最后他们又住在了一起，又生了两个孩子，都是闺女，其中一个就是被北街上道士糟蹋了的那个女孩。他们还有一个儿子，但是我叔叔感觉维持这么大的一个家庭非常艰难，大闺女嫁到城外的一个村子时，这对他们来说是件好事。

我叔叔曾经有四个儿子，他们都有哮喘病，他们都在年轻的时候死了。

这真的是命运问题，谁能预料到那个在我闺女结婚的时候，给她当送亲哥哥的男孩会变得富有呢？在他穿着小棉袄，腰间扎着一根绳子照料奶牛的时候，谁能预料到他将来会给自己建造一座大房子，娶一个女学生做他的第二任太太呢？

当我在伯恩斯太太家做事的时候，他的父亲是伯恩斯太太家的厨师，厨师后来离开了伯恩斯太太家，自己开了一家牛奶店。男孩为父亲放牛，他每天赶着一群牛出去吃草。我经常问这位父亲，为什么他不让男孩去上学，“哦，他太笨了。”这位父亲会这样说。

后来他们搬到了芝罘，在芝罘男孩做牛奶生意，照料奶牛。一个外国人来了，我不认识这个外国人，外国人很喜欢他，他跟着这个外国人四处去买牛，他变得非常富有。当有一头牛牵到他面前时，他会说："这头不好。"牛的主人会带着牛在周围转一转。当牛主人再一次带着牛上来查看时，会有一块银子一起送上来，这次就会通过，他还有利润分成。

他变得非常富有，他在芝罘给自己盖了一座豪华的房子。当他的原配老婆去世后，他娶了一个从学校毕业的姑娘。

人的一生真的是由命来决定的，当他养牛的时候，我们怎么能看清他是一个比做买卖或者是比有工作的人更好的结婚对象呢？

我显然不属于这个世界的幸运儿。当我在李家做事的时候，有人送给他们一桶海龟，我被吩咐去照顾海龟。

"我害怕它们会咬我。"

"嗯。如果它们咬你，那将是你的好运，海龟只咬幸运的人。"果不其然，我把手放进它们嘴里，它们都不咬我。

看见麻雀走路也是一种好运的征兆。关公曾看见一只麻雀走了三步，但是麻雀总是朝着我跳。

16

邻居（1902—1911）

我背着包袱走过一个村又一个村，穿过一条街又一条街，我这样过了很多年。这样去卖货是在满子结婚后，我离开了伯恩斯太太以后开始的。我贩卖女人可能需要的各种东西，布、针、线、粉、胭脂、缎带和许多其他的东西，我还为那些身份高贵不能外出上街的人完成专门的任务。我迈着沉重的脚步，在蓬莱的大街小巷和城周围的村子行走了六年，我进过三教九流各色人家的大门。那个时候做一个女商贩是能赚钱的，因为只有女商贩才能进入那些高等的保守家庭。

因此我赚的钱够一家人用，但是我也没有赚太多。

那些年我干活很辛苦，但是我住在自己的家里，可以自己支配时间，我有很多朋友，我的生活很好。

每天早上，我很早就起床去进货，然后回家和孩子们一起吃早饭。早饭后我去水城卖货，有时候，孩子们和我一起去。水城西门有城门楼，一天下午它被火药炸毁了，没有人知道是偷火药的守门人还是正在生火的乞丐引起了爆炸。

对于一个女人来说，独自在蓬莱的大街上走是不容易的。但是我现在已经不像以前那么年轻了，我从来都不漂亮，也不会引起男人回头来看我。

我后背还背着一个包袱，我几乎像当年穿着破烂衣服做乞丐时一样安全。

只有一次有一个男人在街上跟踪我，那是我还在为伯恩斯太太工作的时候。有一天，伯恩斯太太去协台衙门和我的前主人喝茶，我跟着去照顾孩子。去的时候，我坐着轿子抱着孩子，伯恩斯太太走路；回来的时候，伯恩斯太太坐轿子，我走路。

我没有好衣服，所以我向齐太太借了一件外套，齐太太是一个信上帝的女人。那个时候穿着一件肩头和左前襟向下镶着宽边的衣服是一种时尚，因此我打扮得比平时好一些，这可能是他跟踪我的原因。

我正沿着路往前走，这时我听到一个男人在喊叫：“哎，哎，大姐；哎，哎，大姐。”

于是我转过身问他：“你认识我吗？”

在我做乞丐的那些日子，我跟许多乞丐说过话。我曾经遇见一些人，他们跟我说话，说他们认识我父亲或者认识我哥哥，我会和他们说话，所以我问这个人是否认识我。在那个年代，一个好女人不会单独出去的。

他对我说了很多话；我唯一能听清楚的是“信教”。

我以为他是在问我是不是基督教的会员，所以我说我不是。接着他走得更近了，把那些话又说了一遍，这一次我全部听清楚了，他说“跟我睡觉”。

我非常生气，捡起了一块石头。蓬莱各个地方的道路上到处都有石头。我捡起一块石头，用尽全身力气朝他扔过去，打中了他的大腿，我朝他喊道：“去跟你妈睡吧！”这事发生在北城门外的大道上。我还经常会琢磨那些看到我扔石头的人会怎么想。

但是一个年轻的女人在那个年代独自外出实在是危险的。蓬莱是一个非常保守的地方，现在蓬莱的女人外出仍然不像在芝罘和在北京的女人外出那么容易。在我外孙女上中学的时候，一个夏天放假回家，她去了蓬莱。她和她的伙伴想去买东西，她们要买鞋，没有一家鞋店肯让她们进去，店员伸开双臂横挡着商店的前面说：“我们这里没有鞋。”

当我告诉我的朋友张太太关于有个男人跟着我叫我的惊险经历时，张太太告诉我没有人是安全的。“看看我，”她说，“我不漂亮，甚至不年轻，还有一个男人跟踪我，从教堂一直跟到我家，我非常害怕。”

蓬莱没有妓院，这是良家妇女不敢单独外出的原因之一。蓬莱城里的人太小气，不肯付证照费，但是那些住在城区北面，靠近后门东庄区的女人和那些住在石埠营区的女人会单独外出。

听人们讲过有这么一个女人——大家都叫她老杨，尽管她不是那么老，她把钱包在手绢里，手拎着钱四处转悠。她是栖霞人，栖霞女人会穿白色的宽护腿，在脚踝处扎一下，护腿几乎是提到膝盖处。老杨穿着一件长外套，外套能盖住到膝盖的护腿，她不穿裤子。老杨为了三十个铜板，会跟一个男人进去，为了三个铜板，她也会跟一个男人进去，大家都嘲笑她，她太愚蠢了。一天一个男人答应付给她钱，但是他反而抢了她的装着钱的小包跑了，她在城里到处哭嚎，大家都嘲笑她。

因此，由于上面这种女人，如果一个良家妇女出门，她一定不能穿着鲜艳的衣服出去。她必须穿黑色的上衣和裙子，脸上还要蒙一小块黑面纱，她还应该骑着骡子，即使这样，她也不总是安全的。

一群商人在街上闲逛，看到一个女人骑着骡子逐渐靠近。他们都能看出来，这是一个新娘子，她在进行婚礼后的拜访。在我们蓬莱，新娘在结婚后的第三天回自己的娘家，然后在这以后的九天时间，她必须每天去拜访一些亲戚，她的姑妈、姨妈、奶奶、姥姥和干妈等。在黑色的骑马服下，他们能看到微微露出来的红色的结婚礼服，在绑在脚上的黑布下，他们能看到她的脚又小又尖，她优雅地骑在骡子上。

“啊”，其中一个人说，“过来的这个看起来货色不错，她是个年轻的，我肯定她很漂亮，看到她的小脚，我真想跟她睡。”

“跟她睡？”另一个说，“恐怕你不敢摸她的脚。”

“我敢”，第三个人说。因为他看见那是他的新娘。其他一些人看到这是他的新娘都加入开玩笑人群。

“你不敢。”

“我敢。我去摸她的脚，你给我什么？”

“请客三次，所有在场的人都参加。”

“一言为定。”

当这个女人骑着骡子经过时，那个是她丈夫的男人走到骡子旁边，抓住她的脚，抚摸它。她从面纱里往下看，看到是自己的丈夫，一句话没说就过去了。直到这群人吃完了三次酒席后，这个男人才讲出他请客的真相。

尽管关于妇女要守在自己家大门里的所有规定都非常严格，但还是有妇女站门口的风俗。每天下午傍晚时分，媳妇和大姑娘们可以站在自己家的街头，或者是宽敞的大门入口处，仔细看门口会有什么经过。在我以前干活的衙门后面，那里住着一个家境不错的姑娘，但是她自己不是好材料，她常常一个人站在大门口。一天她正站在门口，一个男人经过这里，他很大胆地看着她，姑娘迅速逃进门内，关上门，声音很大地把门闩推上，这个男人也能听到。当这个男人刚走过去，她就轻轻地把门闩拉开，向外张望。他转身往回走，她又关上了门，这样激怒了他，他藏在大门旁边门垛的后面，等着姑娘出来。当她一出来，他就抓住她，在她的脸颊上咬了一大口跑了。当姑娘放声大哭时，他已经跑得没了踪影，他们家人从来没有抓到这个男人。

在蓬莱，关于妇女的风俗习惯都非常严格，比任何其他的地方都严格。一个女人不能在任何一个月的初一或者十五日出去拜访。她在拜访人家的时候，不能倚靠门框，她一定不能站在或坐在门口的台阶上，在经过门阶时，甚至不能碰摸门阶。如果这些忌讳的事情她做了任何一件，都可能让她有力量针对拜访的人家，毁掉这户人家。

女性被认为是不干净的。女性不允许出现在生痘的病人面前，出于同样的原因，她那几天身上不干净或者她刚刚和男人行过房。

对于寡妇的规矩更严厉。寡妇不可以从家里出嫁，她必须去庙里，那些来接她的人从庙里接她去她的新家。在她要去的新家，要准备一把椅子、一把斧头，还要准备一个装满十升高粱米的斗，在高粱米里埋一个秤砣。当她进门的时候，要摇晃椅子，要在空中挥舞斧头。这是因为“椅子”这个词和“日子”这个词在蓬莱方言里发音是一样的，“斧”和“富”发音是相同的，意思就是“今天福到了”。

接着她要抱着粮斗，向她新婚男人家的祖先磕头。

她回到自己的房间，但是第一天晚上她男人不和她睡觉。直到第二天他才带她一起向父母磕头，在这之后他可以和她睡了。

姑娘结婚时，向公婆磕头的仪式是在第一天进行的，男人想啥时候和她睡都行。娶了寡妇的人家担心寡妇会影响他们的运气。

蓬莱有许多小毛贼，我们必须一直警惕着。他们偷过我的东西；他们甚至还偷过那些比我更穷困的人。一天一个小偷进了某个人的家，这个人什么都没有，甚至连做饭的锅都没有。他们从锅台上把锅取出来，卖了换粮食。在取出锅后留下的洞里，他们放了一个破裂的瓦缸，瓦缸装了大约五升小米。小偷进屋后，掀开锅盖，发现没有锅，他在洞里摸了摸，发现了小米。小偷之间有一个规矩，就是贼不走空。小偷拿不走装在破缸里的小米，他就脱下自己的上衣，这是件新衣服，他把衣服铺在地上，开始把小米倒在衣服上。邻居们听到了动静，大声呼喊，问谁在里面，小偷吓得跑了，丢下了所有的东西。因此，当这家人回家时，他们家还多了一件新衣服。

除了这些小毛贼，在蓬莱城里制造麻烦的人不多，当然也有坏人，但是大多数传的不好的事情都是那些高门大户家里做的。大多数商人和那些靠劳动谋生的平民是守法的和规规矩矩的人群。但是那些在官府衙门里的人及那些在大宅门里的富人，却为所欲为。

我有个朋友是栖霞人，栖霞是一个贫穷的山区县，他说蓬莱不像过去那么富有的原因是因为栖霞的穷人把蓬莱偷穷了。他这样说是因为在蓬莱所有的大户人家和衙门里，都有来自栖霞的厨师和跑腿的伙计。这些有钱的和当官的男人把这些男仆当作女佣来使唤，每个男人家里都有这样的仆人。

有时候我会被叫去在红白事上帮忙，那样我可以多赚些钱。

一天，他们来叫我去充当新娘的女仆。在蓬莱婚礼常常是在晚上举办。我从来不喜欢晚上熬夜，我不在乎在白天干得多么累，但是我想在晚上睡觉。

在婚礼上，我们已经把新娘领到了炕上。这时我开始觉得非常难受，我朝门外走，横倒在了新婚房间的门槛上。

新郎大声喊道："你们给新娘找了一个什么样的仆人？"

他这样说是因为他担心我横倒在门槛上是一种不祥的征兆。他是对新娘那边的中间人说这个话。

但是中间人这样回话，他说："我们毕竟选了个好日子吧！"日子是由新郎家选定的。

他们把我扶到了院子，我很快就好了，我没有像过去在粥站或者在臬台家那样昏死过去。

语言是有法力的。某一家在婚床上意外留下了一把刀，当新娘来后，她看见了这把刀，但是新娘很机智，她拿起刀在空中来回地砍着，她边砍边说：

“我向上砍，我横着砍，砍断穷筋，祝愿一年更比一年旺。”

果然，这家人一年比一年兴旺。

看到这样，他家的邻居说：“我们也要试试这个法。”当他们的新娘被迎回家的时候，他们在炕上留下了一把刀。

当新娘看到刀后，她说：“啊！有人要被杀死吗？”果然，在一年之内就有一起命案。

好运该来的时候就会来，求也没用。

家里有黄鼠狼是好运，这意味着这家人的运气很好。在我们家附近有一位姓陶的寡妇，她有很多房子，但是逐渐都没了。当她家的运气衰落时，人们看到黄鼠狼成群结队地往外走。

抢夺好运也不好。好运来的时候，好好把握，但不要抢夺。

一天，我被叫进了一户人家送货给他们选购，他们家的女儿将要结婚。我见过这个姑娘，她不漂亮，但是发育得很好，看上去很和善。一个月后，我听说她死了，她吞食了鸦片。她的家人把她卖给了城里的一个富人做妾，他三十多岁，已经有几个妻妾了。我不知道她为什么自杀，有人说是因为大老婆太残暴，还有人说，她发现自己仅仅是一个妾感到羞耻而自杀，我不知道原因。我的主人钱夫人的确说过，门厅不是房间，做妾的不是女人。在我们蓬莱城，做妾是非常羞耻的事，只有那些吃不上饭的人家才会把他们的闺女以这样的方式给出去。死去的姑娘的家人花了那个男人给他们作为彩礼钱的四十多万文钱，四十万文钱大约相当于现在的四百块银元。但是在那个年代，四十万文钱能买更多的东西。为了四十万文钱，他们毁掉了自己的闺女。她嫁进了一个奇怪的家庭，他们家里有七十只猫，他们从不允许杀死一只猫。

一天，我们所有人都被叫出来到街上看一个姑娘和一个死人的婚礼。那是田家的姑娘，他们从小定的娃娃亲，在男方家来将姑娘娶回家之前，男人死了，姑娘说她会像她承诺的那样到男方家里去。这件事上奏给了皇帝，皇帝恩准在他们家建造一座大理石拱门，即“贞节牌坊”，来表彰这个姑娘对未婚夫的忠诚。他们把牌坊建在交通要道上。我们看见她被接到她的未婚夫家，她是被知府的官轿接走的，她走过的红地毯是知县带过去的，城里所有的官员都在她的轿子旁边护送，给她荣耀。当轿子去她家接她的时候，新郎的灵牌放在如果新郎活着应该坐的座位上。当轿子回到男方家时，姑娘坐在轿子里，怀里抱着灵牌，不像一般的婚礼那样还有第二个轿子。她穿着黑色的衣服，头上系了一块黑布——因为嫁给了一个死人，她在哀悼。

在蓬莱还有一个女人做过同样的事情，她现在是一个老妇人了。我们常常看到她的牌坊，从她跨进她丈夫家的门槛那一天起，到她回到她姑娘时代的家去拜访的时候，已经过去了六十年的时间。全部的这些年她住在一间屋子里，她从来没有走出那间屋子，任何男性也不允许进入她的屋子，甚至一个三岁的男孩也不允许进去。她从皇帝那里定期领取补助金，她衣食无忧。

有一些人是真的忠贞，而有一些人没有常性。济南附近有一个姑娘，当她听到未婚夫死去的消息时号啕大哭，在悲痛中，她解开了自己的辫子，她披散头发说她要去他家守一辈子节。这事被呈报到皇帝那里，而且得到了恩准。但是牌坊还没建到一半，她就和另一个男人私奔了。

在每年的二月份，我们要去给祖先上坟。我们要做供品，饽饽、蔬菜和肉，还要在坟堆上插上许多小纸旗。没有小纸旗的坟堆，死者或许就没有后代。有一句家常话这样说："女人衣服的前襟一定要被弄脏，祖宗坟上一定要有纸旗，否则这家就没有孩子。"

在二月初二这一天必须去给祖先上坟，在这一天以后，任何一个日子，我们想去的话都可以去。

有一天我不太忙，我说我要去给母亲上坟。母亲的坟在大北山的山坡上，大约在半山腰。我跪在母亲的坟前，为母亲放声大哭。我哭了一会，这时突然有一种声音，好像是一个巨大的翅膀飞过我的头顶，我看了看，但是什么也没有，我快速地把东西收拾在一起离开了。我认为这意味着母亲不想让我为她哭泣，我再也没有去过。

活人看到死人是不好的，只有那些命硬的人才能看到过死人之后还能活着。

一天我要去卖货给住在水城的顾客，路上，在我出城门的时候，我碰到了张宽子，他正赶着一头小毛驴进城。城门洞又长又窄，地面铺的石头不平，驴背上驮着的货很宽，于是张宽子往前走的时候，他盯着驴的脚步，对路上的行人吆喝着："小心，小心，小心。"

当我们经过时，我向他喊道："小心？不是你赶着驴吗？"

他转身看到是我，笑着说："如果我知道是你，我怎么也不会喊的。"

第二天，当我来到隋太太家时——我是在做上午这一轮的走访销售，我听到他们正在谈论一起奇怪的死亡事例。当我听他们说的是张宽子时，我说那不可能是张宽子，我在前一天还见过他，他的身体好好的。但是他们说那正是张宽子，张宽子是在早晨五更时分死的。

头一天，当我看见他时，他正赶着驴拉着货往家走，到家后他把货卸下来，然后他决定去家族墓地看看，他买了一些烧纸，带了一篮子供品就去了。张家和宁家一样，有家族墓地。当他快到墓地的时候，他看到有许多老爷和太太在墓地四处走动，作为家族中的一个小人物，他不想出现在这些有身份的人面前，因此他躲在一条低洼的路旁边的梯田里。他等了一会儿，从路边向墓地偷看，但是看到那些人还在那里，他有点不耐烦了，于是当看到从墓地方向过来一个人从他旁边经过时，张宽子向他打招呼问：“那些人有没有要走的意思？”

“什么人？”那人说。

“墓地里的那些人。”

“你疯了。”那人说，“墓地里没有人。”这人走过去了。

于是张宽子开始往墓地走，但是当他向路那边张望时，他看见他们还在那里四处游荡，那些老爷和太太。他非常吃惊，他告诉自己，他不再等他们离开了，他要去他丈母娘的坟，她不久前去世，当他走到她的坟前准备磕头时，他看到他的丈母娘坐在自己的坟头上。

“你在这里干什么？”他说，他纵身上前要去抓丈母娘的胳膊，但是她消失了。

张宽子回到家，上床躺下。整个下午和晚上他都在和那些死去的人说话，他在五更时分死了。

我干妈有一个儿子，他是蓬莱一座寺庙的和尚。干妈有一天来找我，请求帮忙，因为我认识外国人，还认识那些懂西药的人。她的儿子和一个带着年幼儿子的寡妇搞在一起，这个女人怀孕了，所以干妈的儿子来找她请求帮助。寡妇怀孕已经够糟糕的，但是勾搭和尚怀孕简直不可思议。干妈请求我帮助她给那个女人堕胎。我告诉她，外国医生不会杀死生命，哪怕是没有出生的生命。但是我认识一个老太婆，她能处理这样的事情。我们去找那个老太婆，她给了我们一个药方。我们用一斤大蒜和一斤干蟋蟀做成一块膏药，我们把这个膏药贴在那个女人的腹部，贴在肚脐上。她要把膏药贴一会儿，然后再揭掉。但是寡妇睡着了，当她醒的时候，她的肚子上起了一个膏药大小的大水疱。所以她现在不仅肚子里有孩子，而且肚子外表有伤口，她不能穿衣服，她只能披着衣服，她还要找理由向邻居们解释。我不知道她后来怎么样了。对她来说这是非常尴尬的，因为她是一个没有生活来源的贞妇，她要依靠公众为她定期捐赠的钱生活。

我有很多邻居，穷人邻居多嘛。在我照顾伯恩斯太太的儿子之前，她女儿的保姆是魏大嫂。魏大嫂得了一种病，这种怪病让她表现奇怪。她在去看孩子的时候，没有什么毛病，但是当她回到家以后，她总是和儿媳妇吵架，就得病了，她住得离我很近。

她会喊叫，说她是一个狐官，人们必须给她烧香，或者说她是一个年轻的姑娘，她会打自己的脸。当她说她是一只狐狸的时候，她的手就会像狐狸那样攥成爪子。她儿子哀求她松开手指，但是她说她做不到。她非常强壮，她会在炕上跳得老高，她喊叫的声音那么大把我们都吓坏了。她用刀子扎自己，在那个时候，我很强壮，我试图抱住她，但是没能做到。她跳起来，我们都吓坏了，我们跑了。在我们跑着穿过院子的时候，院子里有一个驼背的老太婆要生火准备晚饭，她正在给一个手提炉子扇风。老太婆由于驼背，个子矮，当她坐在炉子前面的地上，身体前倾看着炉火的时候，她更矮了。她没有看到我们跑过来。我们在前面跑，魏大嫂在后面追我们，结果魏大嫂撞倒了老太婆，我甚至还在跑的时候，就看到老太婆躺在那里，手脚朝天，不能爬起来。但是我们都很害怕，继续往前跑。

魏大嫂的丈夫是一个石匠，魏大嫂喜欢他，但是他们俩谁都不能确定魏大嫂什么时候会犯病。

对于这种病，我们知道是无法治好的。在农村地区，如果一个孩子患有精神病，或者他被狐狸、黄鼠狼等附体，就会请来一个神婆。神婆坐下，一大口一大口地吸气，直到她的身体僵硬，她或者像在拳击比赛场中的男人那样翻滚，或者高跳到空中。我不相信神婆，她们没有法力，她们不知道这时候院子里的人正在骂她们或者在说她们的坏话，她们只是一些不知道羞耻的女人。

我们一墙之隔的邻居是一个姓秦的男人，他叫阳坤。他的嫂子在晚上去世了，他们家四个人去土地庙报丧，有死者的儿子作为丧主，有一个妹夫拿着要烧的香和纸钱，还有一个邻居拿着灯笼。秦阳坤自己端了一碗粥，这碗粥要泼在土地庙前的地上——亡灵在路上吃。

由于是深更半夜，他们不想叫醒老道士，所以他们在庙门前举行了仪式。

当这四个人正在烧纸钱的时候，庙门开了，一个男人走出来，他穿着一件以前朝代的白色衣服，在那个王朝所有的人都穿白色的。他头上戴着一顶高帽子，就像唱戏的戴的那种帽子。他出来清扫纸钱和纸灰，把这些东西放进他的腰带以上的衣服形成的袋子里，又回到了庙里。

他们四个人当中，两人看到他，两人没有看到，看到他的那两个人没有活过一百天。

我养了一只小斑点狗，它太小了，结果在发情期间它发疯了。它在外面待了两个晚上，回家就疯了。因为它个头太小，不能和那些大母狗交配。它突然咬住了满子的脚踝，我捡起一块石头把它赶跑了。它不能与那些母狗交配，于是它去攻击一头猪，想要与猪交配，它还咬了猪一口，邻居们拿起石头把小狗打死。关于猪是应该还是不应该被杀死，邻居们进行了一场大讨论——猪是花了钱的东西。邻居咨询后采取补救措施，他们割破猪耳朵，给猪放血，他们给猪喝豆油，并在猪耳朵上抹豆油。这事终于过去了。

住在我家院子对面的老郭大娘总是告诉我要信耶稣，她是一个信上帝的女信徒，她挨家挨户地传教，传教士一个月付给她三千文钱。她会对我说："你应该信主，应该感恩，看看你的胳膊和腿，好好的，很强壮，那都是上帝给你的，你不应该感恩吗？"

我回答说："在信耶稣之前，你不是有像现在一样好好的胳膊和腿吗？"

老郭大娘有一个独生儿子，他很不中用，他和她吵架，抽鸦片，不爱干活。他们吃的是用高粱粉做的饼子，又黑又硬。在桌子旁边坐下后，她强迫儿子和她一起在吃饭前祷告，然后两个人拿起饼子开始啃。儿子会开始抱怨："你的耶稣为我们做了什么？"她就开始劝说。

一天，有人来敲门，这人来找她的儿子去磨坊帮他们干一天活。老郭大娘跪下来，感谢上帝的仁慈。你能对这样的一个女人怎么样？她信还是不信耶稣，这人不都是来找他们帮忙推磨吗？曾经有一次，在传教的时候，她跟一个男人生气，她说："如果你上了天堂，我会爬上梯子，拽着你的腿把你拉下来。"

还有一个男人被问他为什么要加入教会。

"会有一块玉米饼子吃。"

我真能理解那些没有足够食物吃的人。那些从来没有挨过饿的人不知道那遭的是什么罪。

有一个富家子弟，他不给他的仆人足够的时间去吃饭，他总是想要仆人和他在一起。当仆人们说他们饿了，要去吃饭时，他会说："你就是饿了有什么要紧呢？跟我再多待一会儿。"

最后仆人们决定给他上一课，他们带着他去了一个庙会，他们既不带食物，也不带钱，他们看庙会的风景，每当这个少爷说应该回家的时候，他们说其他地方还有更多的东西要看，于是他们阻拦着他直到通常吃饭的时间过去很久了，他们还领着他看风景，没有人带食物给他，他也不太知道要吃的，平常日子吃的总是送到他的面前。最后他说："我病了，我病得很重，我病这么厉害我要死了。"

仆人们问："你感觉如何？"

他说："我全身都病了，我觉得疼，有一种我以前从来没有的感觉，有什么东西咬我的肚子。"于是他们带着他回家，给他东西吃，他坐起来全好了。

"那是饿得。"他们告诉他。从此以后他更加体贴仆人了。

孙太太是另外一个住在我附近信上帝的女人，她经常过来看我，她住得不远。她一个月收入三千文钱。她男人收入四千文钱，他为伯恩斯先生写中文文书。现在他们的儿子一个月收入四五百块银元。但是在那个时候，他们是非常穷的。当孙先生晚上回家后，他脱下长衫，抱着磨盘的把手，为自己的家人磨粮食粉，也为其他任何雇他的人磨粮食粉。孙太太做玉米饼子和凉水一起蒸，当锅边的玉米饼子熟的时候，锅里蒸饼子的水也可以喝。这样做饭和烧水混起来一起做，孙太太也不用再费火来单独烧开水，后来孙先生当了知县。

孙先生是一个非常和气的人。当他在新年或者在其他的节日期间，带着儿子四处拜访的时候，虽然我们是穷人，他也会来我们家给我们礼节性的问候。

一天晚上，一个贼闯进了他们家，蒙住了孙先生的脸，孙家的闺女和儿媳住在后面，这个贼还走去找她们。贼拿走了八十块银元。

孙家住的房子住过一个妓女，一天一个男人来找妓女，却找到了孙太太。这个男人一只手拎着一只鸟，另一只手拿着一把扇子，当被问到他要干什么时，他说："我来做客。"

于是孙太太说："你等一会儿，我给你沏茶。"孙太太派了她家的一个孩子去找他们的父亲。当孙先生回来后，他们关上房门，痛打了那个人。他们后来想起这件事——这个贼肯定是那个人。

另一个信上帝的女人朱老太太总是对我说："信主，你会上天堂；不信主，你会下地狱。"她说天堂是一个美丽的地方，有金子铺成的路，地狱是一个充满痛苦的地方，有火和虫子。

我的小儿子说："朱老太太不是很棒吗！她去过天堂，她还去过地狱。"这是孩子的心。

有人说在天堂每个人都会领到一个皇冠，他们每使一个人皈依，在皇冠上就会得到一颗宝石。在很大的集会上，没有宝石人就没有座位。这就是为什么每个人如此渴望地去改变别人的信仰吗？

大多数信教者和传教士讲的这些无稽之谈，我都能回答他们。当我男人去世后，有一天我偶然为琼斯夫人做针线活，她劝说我信天父。"但是我确实信天父。"我说，"我一直都相信的。我们中国人也相信他，我们在庙里和家里给他烧香，但是我不能加入你们的教会。”她追问我理由。

“有三个。”我说，“首先，我不能遵守安息日。我必须天天工作，我们一家才能天天吃上饭。”

“你卖一天货挣多少钱？”她问道。

考虑到她可能想要给我一笔钱好让我去教堂，我马上说：“还有，在你们的宗教里，人必须说实话。我不能说实话。做买卖，我们不能说实话，我总是要说谎话。如果我花了三文钱买一件东西，我必须说我花四文钱买的，我必须有赚头。如果我不告诉那些主顾我只是按成本价卖给她们的，我怎么可能卖出任何东西？”这样我能说过她。

但是我说不过我的房东张太太，她比其他信上帝的女人更聪明，受过更好的教育。张太太说重要的是一个人的心地咋样，一个人一生的行为咋样。她说，一个人有信仰，如果他的心不好，他还会迷失的。我相信她说的话，但还是看不出有什么理由能改变我的宗教信仰、接受洗礼。我见过我周围那些受洗的人和没有受洗的人，他们的性格或者他们的行为在我看来没有任何不同，那些受洗的人在教堂每月领钱，而其他人不领钱，这是我能看到的全部不同。

蓬莱城里和蓬莱县区都很保守，这里有一座基督教教堂，但是那些有家的人和有饭吃的人都不加入。教会的会员大多数来自黄县贫穷的地方，来自栖霞和即墨这些贫穷山区的贫穷城镇。当庄稼歉收，没有食物的时候，就更容易信教。

基督教的教义已经足够好了，但是那些宣称信仰基督教的人并没有实践这些教义，他们说是一回事，而做是另一回事了。我们对下一个世界知道什么呢？中国宗教的承诺和基督教的承诺一样好，我们怎么知道哪个是对的？

当张太太和她的丈夫以及孩子们从乡下来的时候，他们一无所有。她在传教士的一所小学校教课，一个月收入三千文钱，而张先生是教传教士语言的私人教师，一个月收入六千文钱。张先生受到过良好的中文教育。张太太是一个非常聪明的女人，她知道如何规划并且设法克服困难做到。她一级接着一级地提升家庭的层次，直到现在她老了，她依靠土地和房屋的租金过着富裕的生活。她的女儿都嫁得很好，她的儿子在铁路上有很高的职位。她的丈夫在退休前是齐鲁大学的教授，这一切都归功于张太太的管理能力，她也有一颗善良的心，是一个勤奋工作的人。当她有了一点钱后，她买一小块土地，那时候土地很便宜，或者她买一栋破旧的房子，那时候房子也很便宜。

我租了张太太的一栋房子，在我作为她的房客的十年中，我看着她的资产扩大，那是靠一个铜板一个铜板地攒出来的。在最初的几年，她甚至不让姑娘们吃干粮，她给她们喝稀粥，一天三顿只让她们喝稀粥。新年的时候，每个姑娘会分到一片白面包，仅有一片。她们的衣服衬里都是用碎布头拼起来的，她从来没有买过新布做衬里。实际上在我离开蓬莱之前，她家装粮食的箱子都已经堆到了屋顶，客人来了，总有白面馒头和肉吃。

张太太一步一步地在这个世界上出人头地了。她总是很和蔼。在我的家搬到芝罘后，我正好回蓬莱时，我在张太太家住了一个星期。她不如兰太太，我们更爱兰太太。

兰太太也传教，她为传教士们管理了一所小的走读学校。她的丈夫曾经是乡下一个教堂的牧师，但是由于他所在教区的人的投诉，他从那个高职位上被撤下来。兰太太性格不易相处，她不是坏脾气，只是一个不易相处的人，但是她是一个热心肠的好女人，如果她喜欢一个人，她会为他做任何好事。但是如果她嫉恨一个人，她会不顾一切去毁了他。兰太太在一所小学校教书，每个月收入三千文钱，而她的丈夫在教会大院看大门，一个月收入四千文钱。教会把大门附近的几间房子给他们住。

在兰家夫妻俩人中兰太太比较聪明，但她总是会毁掉自己建立起来的东西。兰太太喜欢戴高帽子，还有一个外号。现在兰太太和她的儿子住在一起，她的儿子在芝罘的一家花边公司里有一个很好的职位。不过，兰太太不像张太太那样有自己的钱花。

第一次见到兰先生的时候，我非常害怕——我以为自己看到鬼了，他没有认真梳好他的头发，黑色的头发从脸旁边垂下来。他的鼻子和嘴巴都很大，像舞台上的魔鬼那样。当时我去传教士大院，他为我开门。他是一个通情达理的人，他想要按照常理过日子。兰先生和我的叔叔要好，他经常晚上来家里和叔叔畅谈。我叔叔喜欢来我们家玩，我们在讨论各种事情中度过了那些愉快的夜晚。

兰家在蓬莱的第一个冬天过得很艰难，他们有时候会挨饿。一天我发现他们家里没有一点东西可以吃，于是我拿了自己所有的钱买了十个小面包送给他们。兰太太从来没有忘记那十个小面包。

17

芝罘（1911—1921）

我的闺女在二十八岁以前是个好闺女，她说的每句话都是实话，我告诉她做什么，她就做什么。我整天都在外面，在她爹活着的时候，她非常安定。他爹在生命的最后几年里，一直是沉默寡言，表现良好。但是在她爹死后，她的男人也离开不再回来了，她跟院子里的邻居学坏了。

对于穷人来说，有一些好邻居是非常重要的，因为大家住得这么近，我整天不得不在外面奔波，也想有个人在院子里陪着我闺女和家里的孩子们。我早上出去进货，然后回家吃早饭，接着要出去卖货，直到晚上才回家。

我闺女过去一直是个好姑娘，她一直都听我的话。但是现在她因为她的生活埋怨我，她说是我毁掉了她的一生。我们院子里的一个新邻居跟我闺女越来越要好。这个女人描眉涂红的，她把太阳穴上的头发剪开，头发在脸旁分开垂下长长的刘海。她整天和我闺女谈论享乐，她一边讲，一边迷人地笑着，但她不是好人，她对我闺女说的事情都不是好事。

一天我回家后，我发现我闺女也把她前额头发剪成同样长而不齐的刘海。我非常生气。我抓住她的刘海，说我要把它们扯下来，只有淫荡的女人才留着这样的刘海，良家妇女都是把头发直直地向后梳，那样才得体。我闺女顶撞我说，她现在是已婚妇女了，她不再需要听我的话，这是她第一次跟我顶嘴。

我闺女过去学过简单的识字和写字，因此她替我记账。现在她不是把所有收入都记账，她开始用我的钱买东西，她还说我不让她快乐。要有好邻居，这真是太重要了。

我很难过，我向老天爷祈祷，我向大地祈祷，我祈祷我犯的罪报应在我的身上，不要报应在我的孩子身上。

我决定去芝罘。我的前主人李臬台的兄弟——三老爷在芝罘，兰太太也在那里，兰太太是前一年去的芝罘，她的丈夫去世了，她在芝罘找到了职位，在教会学校教书，同时兰太太自己的孩子在她教书的学校上学。还有丁斯特太太的侄女威尔逊太太，这个年轻的传教士也住在芝罘，早先我为伯恩斯太太工作的时候，她已经结婚了，她是我的朋友，她一直都对我很好。我要去新地方芝罘，我要看一看新生活会对我闺女有什么帮助。现在我已经去那里两次了，它对我来说不是完全陌生的。

我带着儿子去了芝罘，把我闺女和她的两个闺女（她的第二个闺女已经死于痢疾）暂时留在蓬莱。我要去那里看看是否有属于我和我们一家人的生活。

我是在我闺女二十八岁那年的五月去的芝罘。我坐船走的。当我在码头上岸的时候，我不知道要去哪里。天已经黑了，我仅知道传教士们居住的那座山，威尔逊太太住在那里，所以我去找她。她对我很好，一个为传教士做饭的厨师和他的妻子住在后院，威尔逊太太安排我跟他们在一起过了一个晚上，还跟他们一起吃了饭。第二天我去了东面的海滩，跟兰太太住在一起。在我找事做期间，我在兰太太家住了一个月，兰太太也帮我找工作。威尔逊太太为我写了一封信给米利金太太，米利金太太是一个英国女人，她开了一家做花边的工厂，我在这里为自己和我的女儿找到了工作。我安排人去接我闺女，在我来芝罘十天后，她也来到了这里。我们俩都在米利金太太的工厂工作，我们每人一天挣四十分。辛亥革命以后，钱是用银元和分来计算的，但是我挣银元能买的生活用品和我挣铜钱能买的差不多一样。我们在兰太太住的那个村子里租了一间屋子，开始了新的生活。

人生就像一盘棋，只能走定好的路，命运是不能勉强的，如果强行改动命运，就会一直有麻烦。

我的闺女又变好了，她好了几年。

当年我跟着伯恩斯太太来芝罘的时候，我曾经去找三老爷——李臬台家的兄弟，但是我没有找到他家，我没有时间到处寻找。当我搬到芝罘后，我有了时间，我找到了他。他过得很好，他家的房子很体面，但是他家有足够多的女佣，我为什么要从别人嘴里抢馒头呢？无论如何，我不是很了解他们，所以我从来没有为他工作。

一天，当我在花边厂为米利金太太工作的时候，她派人叫我过去，她对我说："你不是个寡妇吗？"我说我是。

"你没有找一个人的想法吗？"

"我有足够的事情做，"我说，"能养活我自己，为什么我要再加个人呢？"

这时她告诉我，潘牧师的老婆去世了，他有好几个小孩，他想娶一个能干的女人——她可以为他照顾孩子们。我说我不能为了照顾他的家人而毁掉我和我女儿的两个家。她说他很有能力，能养活我，他有土地、有房屋，还有一个好职位。我说如果我曾经有一点这样的想法，我就不会离开蓬莱了。米利金太太的脸红了。

在回家的路上，我越想这件事情就越觉得可行。对我来说，嫁给潘牧师意味着舒适和安逸，意味着我不用再奋斗了。但是我不能那样做，我不会抛弃我的闺女和她的两个孩子。那个时候我们还不知道她的男人是死是活，我不能丢下小儿子不管，毁了他的家，我不是妓女，只考虑自己舒适和安逸，我必须考虑孩子们的未来，我必须考虑我的两个外孙女的未来。

老太太和她的家人

右边是老太太，闺女在她的旁边，淑德站在后面，老太太的儿子坐在她脚边，另一个外孙女在老太太儿子的旁边。

有人告诉我斯塔布斯太太需要一个女佣，斯塔布斯太太经营管理着传教士之家，传教士们可以来这里在海边度假。所以我去了传教士之家，并得到了这份工作。女佣的房间很大，斯塔布斯太太说，如果我把三个孩子都带过来，她并不介意。这时候，我闺女正在为佩特太太工作，佩特太太有两个非常小的孩子，由于我闺女准备好要在白天和夜里都照顾这两个小孩，她住在了佩特太太家，所以我要带着她的两个闺女和我的儿子。传教士之家佣人的宿舍很大，院子也很大，它在山上，我认为对我们所有的人来说这里会是一个好地方。

过年期间，孩子们都染上天花倒下了。首先外孙女淑德染上了天花，我去告诉斯塔布斯太太，她说因为传教士之家住着客人，我必须带着生病的孩子离开，但是她会付给我工钱。我把生病的淑德用被子包好，雇了一个人力车把淑德送到我们在村子里的房子，我也把另外两个孩子带了回来。除了我用来盖在三个孩子身上的那床被，房间里什么都没有。为了让孩子们出汗，让痘顺利地发出来，我生火烧炕，我让淑德紧贴着炕躺着，我还使劲把她摁压在热炕上，好让温度发挥作用。淑德哭叫起来，我认为她是因为生病痛得大哭大叫，其实是我把她的屁股烫伤了一大片，她现在还有伤疤。

三个孩子都病了，淑德最严重，我认为她会死。但是兰太太过来帮助我。兰太太弄来了一只公鸡，她在鸡冠子上割了一个长口子，把鸡血滴入一碗热葡萄酒中，她让孩子们喝下这碗鸡血酒。这个法子救了孩子们的性命。兰太太还带来了一块红布挂在门口，以确保孩子们不受到惊吓。没有一个孩子因高烧而惊厥是非常幸运的，因为我们太穷了，小孩惊厥要煮金水喝，但我们甚至连一小片金子都买不起。

在那么个时候，兰太太来到我家实在了不起。根据风俗，家里以外的女人都不能接近发天花的人，如果那个时候她身上不干净或者刚和丈夫行完房，这些都将会害了孩子。但是兰太太希望帮助我，她信任我，她知道即使孩子们的情况变得糟糕了，我也不会找她算账。

他们都是好孩子，但是他们生病了，先是这个孩子要喝水，接着那一个也要喝水，他们一直不停地要水喝，然后孩子就要夜壶。我不休不眠地忙着照顾他们，因为他们病着忍不住哭起来。

“我要喝水，我要喝水。”因为我拿水的动作不够快，小外孙女哭叫着。

“别哭，”我儿子说，“你没看到咱娘正忙着给你拿水吗，你没看到她也在哭吗？”他们是一起长大的，我儿子这么小，他不知道我是他娘，是她们俩的姥姥。儿子对我体贴，让我内心平和。

我离开了传教士之家的工作，来到了传教士家的女孩们上学的学校工作，我为她们缝补衣服和袜子。我白天工作，晚上回家照顾我的孩子们。我闺女还在为佩特太太工作，照顾她家的孩子。我们的三个孩子去了传教士开办的日间学校读书，因此至少在白天的一部分时间他们可以得到照顾。但是我还是有些担心，因为在我回家之前，他们有几个小时要在街上跑，我不得不锁上房门，我不能留门，我也不能把钥匙留给孩子们，他们太小了。

后来其中一个传教士看到淑德是一个有前途的孩子，淑德的年龄也大了，不适合在街上玩耍，于是她把淑德送进了寄宿学校，不跟我收取任何费用。我的担心减轻了些。

我还在蓬莱的时候就听人们谈论过革命。我到芝罘不久以后，革命就爆发了，警察站在十字路口，要剪掉男人的辫子。所有的男人都要为民国剪掉辫子的命令已经发布。我儿子非常害怕，他藏在了高粱地里，地里的高粱长得很高。我自己动手剪掉了他的辫子，他还只是个孩子，如果他被抓到警察局，一定会把他吓坏的。

一个从当铺出来的老头被抓住了，他的辫子被剪了下来，他手里举着自己的小辫子走过了几条街，一边走一边哭。他哭着说："他们剪了我的辫子，他们抢了我的当票，他们抢了我的钱。"他说警察从他手里抢走了八块银元，有人给了他八块银元。他手里拿着小辫子，挣了八块。我不相信警察从他身上抢走那么多钱。

剪头在过去被认为是一件非常可怕的事情，剪头会带来厄运，剪头意味着一个人会像和尚或尼姑那样不生育。

从前有一个女人，她男人被判了砍头的死罪。这个女人冲上刑场，张开双臂护住她男人，阻拦刽子手行刑，乞求留下她男人的性命。

"但是他犯了死罪，他必须接受惩罚。"他们告诉她。

"我这一辈子，除了我们两口子之间的感情，什么都没有，至少让我留下他的辫子来纪念他吧。"她说。行刑者没有看穿她的话，于是他砍下辫子，把它交给了她。

这时她用双臂紧紧地护住她的丈夫说："你不能杀他，你不能杀他，他的罪砍一次头就可以赎了，你不能砍两次。"于是她救了她丈夫的命。他在监狱里关了几年，但是他得救了。

这时兰太太给我找了一个给外国人照顾孩子的活儿。亚德利太太想让我住在她家。我闺女现在晚上在家过夜，于是我离开了她和孩子们，我住在了亚德利太太家。

正是在我为亚德利太太工作的这段时间，我又听到了我那个被卖掉的闺女的消息。一个年轻人经常从威海卫来我儿子朋友工作的商店进货，我儿子的朋友对这个年轻人说："你不是谁谁的丈夫吗？宁太太不是你老婆的生身母亲吗？"

儿子的朋友来找我，跟我讲了这件事。所以我去商店见了那个年轻人。就像往常一样，我穿着自己的粗布衣服，他从威海卫带来了几篮子水果给我作为礼物，他是一个非常体面的年轻人，他跟我讲了有关我闺女的事。从我男人手里买下她的那家人对她很好，他们还教她如何做精美的刺绣。在她还不是太大的时候，他们把她嫁出去，应该是在她十五六岁的时候，她有一个闺女，她闺女的年龄和我大闺女第一个孩子的年龄相当。她嫁入了荣成城一个商人家里，离威海不远。她丈夫参加过科举考试，但是没有通过，所以他在本地开了一家商店，卖一些小城镇人需要的东西，这是一个日子过得殷实的家庭。

她丈夫每次来芝罘进货的时候都来看我，他总是说我必须去见见我闺女，但是这么远的路我去不了。

一年夏天，亚德利太太去威海卫度暑假，亚德利太太带上我一起去了。我写信给我闺女，告诉她我在威海卫。一封回信说他们很忙，信里没有一句话提到我应该去还是不应该去，但是收到这样一封信，我怎么能去呢？我只是一个女佣，穿着女佣的粗布衣服，我没有钱买漂亮的衣服。

接下来的那个夏天，我这个闺女染上了霍乱去世了，她的“姨娘”，就是买下我闺女的那个官员的妻子，让这个年轻人给我送信，说她也快死了，她说我闺女生病期间受到了很好的照顾，让我不要伤心难过。那个年轻人，即我闺女的丈夫，对他没有让我闺女和我见面这件事一直很懊悔。就这样，我从来没有再见过这个闺女。

夏天的晚上我们经常去海滩乘凉，去看看渔夫的渔网会拉上来什么海鲜。如果我有钱，我还会买一些小鲜鱼。一天夜里，住在海滩上凉棚里的七个渔民被雷击中了，死了五个，两个活着。遭雷劈是犯了大罪，它是老天爷能给的最严厉的惩罚。

自从我还是个六七岁的孩子时起，我一直都害怕打雷。我们家有一个菜园，我哥哥要去菜园挖菜，叫我跟着他去帮忙。天空乌云密布，雷声隆隆，但是哥哥告诉我要等他挖完了才能走，我们当时正在挖萝卜。我们开始往家里走，我的肩上扛着哥哥刚才用的鹤嘴锄，突然一阵雷声响起，闪电击中了我脚下的土地，一团火球在我面前滚动，我吓坏了，我吓得蹲在地上不敢动，从那以后我一直都害怕打雷。

过了一段时间，我开始听到一些风言风语，我的朋友告诉我，我应该留意我闺女。朋友看着我，从他们的表情我知道一定出了什么问题，很可能与男人有关。一个星期天我要回家，在我走进屋子的那一刻，有个男人从炕上爬起来，他刚才是四肢摊开躺在炕上，孩子们都在屋里，这一天淑德也从寄宿学校回家。另一个外孙女太小，还不懂这种事情，我儿子也在屋里。

我说："你不能让那个男人睡在我的炕上。"因为孩子们都在眼前，我不能再多说什么。但是，当淑德返回学校，小外孙女出去玩以后，我大骂了我闺女，那个男人看到我一脸怒火就走了。我抬手要打我闺女，她抓住我的手腕反抗我。我气得受不了，我回去工作了。

这时候我的朋友兰太太赶来了，她劝说我不要生气。兰太太说了很多话来劝我："嫁出去的姑娘，泼出去的水，都找不回来的。"她力劝我不要管我闺女，让她走她自己的路。我听了兰太太的话，我领着儿子和我住在一起。

我住在亚德利太太家前门台阶下的一间大房子里。我很高兴儿子跟我住在一起。房子在山上，附近只有一栋房子，年轻的斯蒂芬斯太太和她的丈夫住在那里。

斯蒂芬斯太太家的厨师上吊自杀了。每天我坐在台阶下自己的房里做针线活的时候，我都会看到这个小厨师在买了当天的食物走回家时，路过我这里。然而，一天早上他没有出来，大家都说他死了。亚德利先生过去看看，出来后说那男孩上吊自杀了。他还只不过是一个男孩，只有十八岁或者是十九岁，他和他的嫂子混在一起，她不是一个好女人，很可能他的哥哥捉住了他们，打了他一顿，于是他上吊自杀了。

我们都感觉到他经常回来，仆人们都害怕在晚上出去，他们说一个穿白衣服的男人在走来走去，我从来没有看见过他。但是有一天，一个醉汉沿着房子下面的小路跌跌撞撞地走着，并且大喊大叫，亚德利先生走出去要求醉汉不要喊叫，因为他会吵醒孩子，醉汉说一个穿着白色短上衣的人正在向他扔石头。

看到一个上吊自杀死的人是很晦气的，因为死人的灵魂会在周围逗留，会诱惑别人去死，这样他才可以超生。我们都非常小心，不能被吊死鬼捉住了。

一天，我还真看到了一个上吊的人。我和儿子去芝罘的商业区租赁骡子，我想要回蓬莱拜访，看看我的朋友，张太太的侄女也打算和我们一起回去。在去市区的路上，我们经过一个富裕的、有边墙的村子，这个村子是奇山所。在外国人来芝罘开发贸易之前，奇山所就已经存在了。我们听到敲锣的声音，我们还说："当我们回来的时候，我们去看戏吧。"

在我们回来的时候，我儿子突然说："娘，娘，这里有个吊死鬼。"

我不相信他，说："在城里这么多人的地方，哪里会有吊死鬼？"

儿子向上指着，村子的边墙上有一个男人，脖子那里套着一根绳子，绳子系在一棵刺槐上。这是一起奇怪的自杀，这个男人跪着，身子向后被绳子拽着，似乎没有空间吊死他，那棵树也非常小。在我看来，他好像是被杀死后放在那里，我们永远不会知道结果。那一天我们不再想去看戏了，尽管剧院是在一个私人家里。

芝罘有几个地方，每当我经过的时候，都会让我感觉害怕。当我走过北山上的海关大楼时，我会害怕；当我走过靠近日本领事馆的山的拐角处时，我会害怕。我不知道为什么，但我就是会害怕。

在蓬莱，当我经过戚家的大理石牌坊时我都很害怕。但是在那个地方害怕是有理由的，我知道原因。戚将军的娘，戚老太太是一个脾气非常坏的老太婆，她杀死过许多丫鬟，还有一些丫鬟被折磨得太惨了而被迫自杀，她们的灵魂一直围绕着牌坊哀嚎。还有那些建造牌坊的石匠师傅的灵魂也在哀嚎，戚老太太杀了他们，为的是他们不能再建造另一座好牌坊。

我有一个夏天在威海卫度过，我的房间远离主人家居住的房子，它在小山谷边上，整夜都有响声，我无法入睡，我越辗转反侧地睡不着觉，那些响声就越大，有连续的爆裂声，有碎裂的声音，有石头滚动的声音，我翻来覆去地弄坏了三张床，但是我从来没有看到任何东西。

在芝罘住的最后几年，我又被吓了一次。我曾经借钱给一个男人，他在海边拥有花园，他也是蓬莱人，我们经常在一起聊天。他卖了花园，搬到山脚下的村子居住。一天下午我和儿子一起去收这笔欠款，我很高兴有儿子陪着我。我们经过一口井，有人说一个男人自己跳进井里淹死了，或者说是被谋杀后扔进了井里。那时我们已经走到路的拐弯了，我还一直很害怕。天晚了，当我们深夜时分回到家时，我的儿媳妇梅云坐在炕上正在做针线活，她已经怀孕了，她坐在那里缝着，突然在炕上滑倒晕过去了。我很害怕，我对自己说："我真的把邪灵带回家了吗?"但是梅云在怀孕五六个月的时候，经常晕倒，我们后来了解了这个情况，如果她躺下，过一会儿就好了。

奇山所是一个非常富有的村子，奇山所里的人都非常骄傲。我们经常听说有两个老姑娘住在那里，她们是双胞胎姐妹，她们的父母过于宠爱她们以至于他们从来不给她们俩找婆家。"她们是双胞胎，为什么她们要被分开，我们有足够多的钱来养活她们。我们没有儿子，我们死后，我们所有的财产都是她们的。"于是这两个老姑娘依靠父母的财产一直一起生活在奇山所。

在穷人的家里，一个姑娘没有结婚而生了孩子，这家人会尽他们所能去做，他们会尽力为这个姑娘找个男人，孩子谁愿意要就给谁。但是在奇山所，他们还死守着老规矩，当爹的必须杀死这个姑娘。我听人讲了奇山所的一个姑娘，她没结婚却怀孕了，她爹把她带到芝罘背后的山上要活埋她。他开始挖坑，他花了一整天的时间挖了几个坑，似乎没能挖出一个符合他心意的，他挖一个坑，又填平了。他一直希望有人会过来问他为什么在挖坑，他便可以把闺女给他，这样可以救她一命，他愿意把闺女交给任何来救她命的人。最后到了晚上，他看到不会有人来了，于是他说："显然你的命不好，没人救你了。"他活埋了他的闺女。

这是一个关于奇山所人的故事，这个故事说明了奇山所的人是多么保守，他们是多么看重面子。我不知道这个故事是不是真的，我自己没有当面看见，我认识的人也没有当面看见，我还从来没有见过当爹的杀死自己的闺女，但是我不止一次地见过未婚的姑娘生了孩子。

有一年，在芝罘附近的一个山谷里发现了蛇，是在流经山谷的小溪里发现的，人们传说神仙来过这个地方，还说这条小溪的溪水可以治病，许多人都去了，香贩子的生意太好了，他们的摊位沿着山谷摆了半里地，小溪两边的树上挂满了黄布条、感谢的供品，上面写着"有求必应"。

我闺女去了，亚德利太太的厨师九子带着我儿子一起去了，这让节假日过得很愉快。我没有去，信则灵，不信则不灵，我不信。我认为所有去的人得到的只是一小瓶泥水而已。

我儿子在教会学校读书，学校出台了新规定，过去所有的课程都是免费的，但是现在英语课一学期要收费两块银元。我在心里盘算着是否让他学习英语。我存了大约一百块银元，但是我希望把这笔钱存起来留作本钱，以备他或我自己做生意的时候用，或者用于紧急情况。或许我应该用这笔钱让儿子去学习，那么他现在可能是一名教师了，我们的生活会更舒适一些。到头来我儿子无所事事，没有工作的那一年这笔钱也都花光了。但是当时我有些担心，我想存下这笔钱。我闺女一个月挣十五块银元，在那个年代，在芝罘这个收入还不错，她的孩子在我这里，她没有任何开销。我去找她说；“你弟弟要学英语，你认为怎么样呀？”

“为什么不让他学呢？”

“学费涨了，我担心我的钱不够。”

“那么，你打算怎么办？”

“我就是来跟你商量这个事。”

“这跟我有什么关系？”我说我来找她是因为她是我闺女，我怒气冲冲地走了。因为这些话，我们的关系比以前更糟。

有一些学费也到期了，负责学校的传教士告诉我必须在第二天放学之前付清学费。穷人手头上哪有活络钱呢？我更生气了。因此当亚德利太太说她丈夫办公室有一个职位空缺时，我让儿子停了学去工作了。或许我错了，或许我毁掉了儿子的好机会，但在当时，那样做似乎是对的。

我为亚德利太太工作了五年，在某种程度上亚德里太太的脾气挺好。

她在她丈夫工作的海关为我儿子找到了一个职位，对此我将永远感激。她为我儿子在她丈夫那里找到了工作，她可能认为她为我做的足够多了，当她给其他的佣人涨工资、没有给我涨工资时，我是有些不高兴。我在她家工作期间，我的工资不错，工作也不太累。

我离开亚德利太太的经过是这样的：一天，年轻的男佣给木地板打好了蜡，他还为我们在地板上行走铺好了纸。亚德利太太下楼了，我怀里抱着孩子跟在她后面也下楼了，我非常小心地踩在纸上。然后有人进来，粗心地踩在木地板上，留下了脚印。亚德利太太回家时，她非常生气，她派人把我叫过去，骂我，她责备我说我踩在刚打过蜡的地板上是很不好的。我告诉她我没有做这件事，她出去的时候我也出去了，我刚刚才回来。但是她说地板上的脚印是尖的，所以那一定是我的脚印，我说那个男佣也穿尖头鞋。后来她告诉里德太太，她从来没有见过一个保姆像我这样跟她顶嘴。然后我又跟那个男佣吵起来，我告诉他是他的错。

还有一次，我刚从屋后出来，这时亚德利太太急匆匆地冲出来，告诉我做错了事情。我能够向她说明我没有做错，但是她的愤怒没有平息，于是她走进屋里，告诉厨师喝茶的时间到了，因为没有开水，她又责骂厨师。她拿起了火钳开始拨弄火，厨师对她说：“你别拨弄火，我正在烘烤，蛋糕在烤箱里，如果火太旺，蛋糕会掉下来的。”他用了随意的称呼“你”。

“你不能对我说‘你’。”

“我该对你说什么？”

“你不能说‘你’，必须说‘亚德利太太’。”

“我是一个没上过学的乡下人。我一直都说‘你’。”

说着话，她扇了厨师一巴掌，厨师紧抓她的手腕，不松手。

于是我来到他们面前说：“你究竟打算干什么？为什么抓着太太？”

“如果我松手，她会打我。”我拉着亚德利太太，洗衣工拉着厨师，我们设法把他们俩分开。

厨师打包好自己的东西离开了，他在准备做饭的时候走的，他还能做其他的吗？他没有打算离开，他也不想离开，但是她没有给他留余地。他是一个好厨师，我从来没见过这么好的厨师，他很干净，他每天都擦洗厨房，他从采购货物中抽取的提成非常低。他卷铺盖走人了。

接着来了一个厨师，他知道怎样和亚德利太太相处，亚德利太太无论说什么，他都会微笑着说“好的”，做的时候按照自己的方式去做。

在很多方面，她是一个好女主人，但是她不知道怎样对我们说话。当她跟我们说话的时候，她用的语言是对卖身奴仆说的。

我曾经对亚德利太太说：“我们不是卖身奴仆，就像过去中国人家里使用的那种花钱买来的仆人。我们是雇工，我们来去自由。”但是她跟我们说话时总是把我们当成她的卖身奴仆。

还有一点，她对新人总比对旧人好。在中国人的观念里，我们认为人们彼此相处的时间越久，无论好还是坏，他们之间的关系就越亲密。在中国人家里，一个和主人相处多年的佣人会被当成这个家的成员，他的话在家里是有分量的，有时候他可以为这个家说话。而亚德利太太总是喜欢新人。

当一个工人来安装铁丝网或者来修理管道时，她会亲自端一盘蛋糕给他。在我刚来的时候，她喝茶的时候，我也一定得喝茶。到了有三个孩子的时候，我没有时间做针线活，做针线活的女佣来了，这时候她就忘了我，到了喝茶的时间，“阿嬷，带孩子们去海滩”。天很热，我们多等一会再出去更好，我带着孩子们走了。这个做针线活的佣人是我的一个朋友。当我回来后，我看到亚德利太太为我留了一块蛋糕，但是我不吃。

“你为什么不吃茶点？”她说。

“我是一个中国人，我从来都不喜欢你的茶点，但是作为你的佣人，我不能这样对你说，我吃了它。我们有一句谚语：‘不能不识抬举。’”她的脸很红。

她心里有了要用另一个人当保姆的想法，后来我看得很清楚。她在威海卫的一个朋友回英格兰了，她想要她的保姆，我的毛病变得多了。

“阿嬷，当你照顾我孩子的时候，不能穿像这样的脏衣服。”

“我是穷人，我没有钱买衣服。”我说，“我有什么就穿什么。”要照顾婴儿，一个人的衣服前襟怎么可能有时候不会弄湿呢？那么多年，她没有挑我衣服的毛病，于是我明白了她的意思。

我去了她的房间，对她说："亚德利太太，你总是找我的毛病，你心中已经有其他人了吧？首先是地板，接着又是我的衣服。我想你最好是付清欠我的工钱，让我走吧。"

她付清了欠我的工钱，我离开了她。我想我儿子也会丢掉工作，但是亚德利先生没有解雇他。在亚德利先生去英格兰休假期间，中国主管要把这个工作给他的表弟。如果没发生这样的事情，我儿子可能还会继续留在那里。当亚德利先生回来后，他也没有做一点努力让我儿子回去，他为什么要那么做？所以我儿子在海关终究没有一个长期的职位是我的错，我要是再有耐心一点就好了。

离开亚德利太太以后，我回家住了。

我对家里正在发生的事情一点也不知道，我认为我闺女让任何一个男人在她的房间里都是愚蠢的，这样给了人们说闲话的机会。但是我不了解情况。我说我闺女很愚蠢，一点不用脑子，她为什么要听那些言行不一的"好话"呢？如果对的道理都不理会，"好话"有什么用？这个男人有十五和十六岁满街跑的两个大儿子，家里还有老婆和其他孩子。即使她的生活中没有男女之欢，为什么她不用用她的脑子——她只有两个闺女，她可以再结婚，他私下对她说的话有什么用？

当我回家住以后，我闺女不给我做饭，也不跟我说话，我不知道是怎么回事。

一天当我不在家的时候，她搬走了。当我回家的时候，她已经走了，带着小外孙女走了，大外孙女还在寄宿学校。

我非常生气，我去了她们家，我拿起碗、盘子扔到地上，都摔碎了。我告诉她，我们家从来没有一个女人像她这样丢人。我说我要和她对命："我要和你打，一直打到我们俩人死一个。"

我正要动手打她，邻居进来把我们分开了，他们还派人找来了我的朋友兰太太，兰太太赶来把我带走了。愤怒中的我满地打滚，我咒骂，我说我要上法庭状告闺女。但是兰太太让我平静下来，她告诉我，我闺女是一个已婚妇女，因此她不在她母亲的管理之下，世人也不会让我为她的所作所为负责，尽管她的丈夫失踪了，她的婆婆在满洲；尽管我抚养她长大，又养活她，照顾她这么多年，但是知县不会听我的，不是我们家，不是我们宁家的名誉被败坏，被败坏的是李家的名誉，这里没有姓李的人来指控她。于是我不再想去找知县了。

当我更平静的时候，兰太太告诉我，这个情况已经持续很长一段时间了，没有人愿意告诉我这件事情。大家都认为只要这件事安安静静地，只要我闺女不公开和他住在一起，这事就可以瞒住我。他们不希望我烦恼。但是现在我闺女和他作为两口子公开住在一起，她已经迈出了这第二步，她已经把他当男主人而跟着他了。

后来一天，兰太太对我讲，对男方而言，这件事情按照纳妾的风俗安排妥当了。兰太太知道是因为她的大女婿在一户人家当厨师，而男方的母亲正好在同一个家庭里当保姆。兰太太的女婿告诉兰太太，一天这个男人来看他的母亲，他告诉他的母亲，他和我闺女已经成两口子了。我闺女说为妻也好做妾也罢，她都要跟着他，她不在乎这个。无论他有钱还是没有钱她都要跟他在一起，反正她可以一直为自己挣钱，他还告诉他的母亲她带着两个姑娘。他说的两个姑娘就是那两个我这么努力工作抚养长大的外孙女。他已经有一个老婆和一窝孩子了。

有两年的时间，我没有见过我闺女。

满子离开我后的第一个夏天，我没有工作，于是美国传教士让我给两个没有家的学生提供膳宿。她俩是我小外孙女的同学，也是她的好朋友，她们总是想要去她家玩，美国老师信任我，才把她俩交给我，我能让她俩去我闺女家，去看她过的生活吗？我告诉她俩不能去，她俩哭起来。她们还只是孩子，她们两个，一个十二岁，一个十三岁。我闺女是一个好厨师，她的男人赚了不少钱，她给她们做东西吃。当她愿意的时候，她也是一个讨人喜欢的人。她俩哭着要去她家，于是我带着她俩去见老师，说我不能承担这个责任。老师把她俩送到另一个城市，去了黄县，她们吃住在学校。

在我离开亚德利太太，找不到活干的时候，我的朋友兰太太开始到处为我找事做。她正在教传教士里德太太中文，她跟里德太太提起了我，里德太太询问了亚德利太太，亚德利太太说我是个好阿嬷，但我的脾气不好。

是我的脾气总让我丢了工作，一直也都是因为我的脾气，我没有在一个职位上干长久。她们总是说她们喜欢我，但是我的嘴不受管制。我出生的时候，我父母的年纪比较大了，我是他们最小的孩子，他们宠爱我，对我来说，接受任何一句不顺耳的话是很困难的。

当我在蓬莱官户人家做女佣的时候，他们这些人都互相认识。当我为那些外国女人工作的时候，她们也相互认识。“老宁在为你工作吗？她怎么样？”

“她是一个好佣人，但是她的嘴说话太快。”总是这么评价我，但是他们喜欢我。如果他们喜欢我，他们告诉我，我是一个好佣人，是一个好人，我很高兴，我就很满意。如果我和我的家人有足够的东西吃，我不会去想钱。我总是告诉孩子们要有耐心，但是我自己从来没有耐心，嘴上也绝不让别人占便宜。

亚德利太太说我是一个好佣人，所以里德太太把我推荐给梅森小姐，现在梅森小组经营着“传教士之家”。

梅森小姐性情古怪。我第一次去见梅森小姐的时候，对我来说，一切不能再好了。当时是这样的："哦，阿嬷，你是个好阿嬷。"她拉着我的手，轻轻地拍着我。但是如果事情出了差错，她马上就翻脸了。

她对待我们说话的方式也像我们是卖身奴仆。她会祈祷她的上帝原谅她的罪过，她称自己是上帝的奴仆。当上帝饶恕了他的奴仆的时候，因此她希望她能饶恕她的奴仆。

我的职责之一是在梅森小姐午睡的时候叫醒她，要把热水送进她的房间，以便她及时完成梳洗，下楼喝茶。她是英国人，下午茶对她非常重要。

我在大厅一头的缝纫间里干活，但是我没有钟表，所以我要走进她的房间，去看看是否到了要叫醒她的时间。

"阿嬷，阿嬷，你现在叫醒我干什么？这太糟了。"所以第二天我不进去了，就晚了十分钟。

她非常生气地走进我的房间："阿嬷，阿嬷，你为什么没有叫醒我？我喝茶要迟到了，还有客人呢，你是个不听话的阿嬷。"

我跟梅森小姐之间最严重的问题是有关眼镜的。

我请假要去城里修我的眼镜，梅森小姐说那没有必要，厨师下次去城里的时候可以把眼镜捎到城里，我可以戴她的眼镜，她从口袋里掏出眼镜递给我。这是一副非常精致的双焦点眼镜，戴着这样的眼镜感觉很好。

第二天我感觉不舒服，我头痛，于是我去邻居家让她给我在太阳穴拔火罐治疗头疼。在邻居家我躺在床上时，我感觉到口袋里的眼镜，担心躺着把眼镜压坏了，所以我把眼镜掏出来了。拔火罐需要很长时间，我们聊了很多事情，我完全忘了眼镜。

我离开后，邻居家九岁的儿子看到了眼镜，他对他妈妈说："娘，让我把眼镜还给大姨吧。"这家的孩子都叫我大姨。

他沿街跑着追我，手里举着眼镜，一边跑还一边呼喊我。这时，他遇到了一个男人，这个男人拦住他说："让我看看你手里的东西，这是什么？"他把眼镜抢到手里，把它们放进他的口袋，他跑了。由于他的腿长，转眼就看不见他了。我听到孩子叫我的哭声，我转过身来。

"他抢走了眼镜，他抢走了眼镜。"我顿时感觉到害怕：我要怎么办？那男人已经跑了，抓不住他了。

那是个星期天的下午，我知道梅森小姐去教堂了，我去了她家，在门口等她回来。当梅森小姐看到我时，她说："哦，阿嬷。今天是星期天，你在这里做什么？"她满脸笑容，和蔼可亲。

但是当我告诉她所发生的事情时，她的脸色变了："它们是非常值钱的一副眼镜，你是一个很不听话的阿嬷，你不必再来了。"

于是我回了家，我的确非常痛苦，她不相信眼镜是被偷了，她认为我把眼镜卖了，或者我把眼镜占为己有了。我感觉压抑得透不过气来，我主动提出来赔偿眼镜，但是我到哪里找钱呀？

我去找我的朋友兰太太，把这件事原原本本地告诉了兰太太。兰太太去和里德太太商量这件事，里德太太又去和梅森小姐商量。

一天，我邻居家的小男孩碰巧看到一队抬新娘嫁妆的男人，在抬东西的人中，那孩子认出了那个偷眼镜的年轻人。孩子大叫了一声，警察拘押了那个年轻人，年轻人承认了偷眼镜的事。我高兴得赶紧去告诉梅森小姐，在路上，我遇到了里德太太，里德太太告诉我她已经与梅森小姐安排好让我回去工作。

我又回去工作了。我对梅森小姐说："一切都清楚了，抢眼镜的那个男孩被抓住了。"

她说："眼镜找到了吗？"我说眼镜没有找到，但是人被抓住了。

"哦，"她说，"那个可怜的男孩关在肮脏的监狱里吗？他应该马上被放出来。"她派她的厨师告诉警察立即把那个年轻人放出来。

这个年轻人出身于一个不错的家庭，他的父亲当过威海卫的总督，因为他父亲的缘故，这件事被遮掩下来了。他们已经非常穷了，没有钱赔偿眼镜或赔偿其他任何东西，眼镜丢了，年轻人说他把眼镜放在墙缝里，谁知道呢？

我继续为梅森小姐工作，当她高兴的时候，一切都好；当她不高兴的时候，她会提起眼镜。

我和我闺女没有一点联系，她生了一个孩子，又是一个闺女。这个闺女肯定是命中注定的坏命，这个孩子四岁的时候，她死于猩红热，她死了我还有些高兴，她属于哪一个家庭？在人生的模式中她适合在哪里？肯定是她死了更好。

后来在海边拥有一个大花园的张发来看我，他是一个老邻居，他也是从蓬莱来的。他劝我说："她不是你的闺女吗？"所以我去看了她，她也过来看我，一年大概两三次，但是我们对待彼此再也不会像以前那样了。

我的叔叔来看我，我留他在我这里住了一年，因为我喜欢叔叔。我和叔叔一直脾气相投。过去我一无所有的时候，叔叔帮助过我，现在他一无所有了，我可以和他分享我所拥有的一点。那时候他已经八十岁了，他在我这里住了一年。

我的婶子已经死了，瘸腿女婿也已经死了，他们原来拥有的一点财产都没有了。于是我叔叔的女儿去了蓬莱城外的村子，和她的大女儿一家住在一起，后来她改嫁了，把年幼的几个孩子留给了大女儿。当她骑上驴要离开的时候，孩子们紧紧地抱着她哭。我叔叔告诉我这些的时候，我的内心很不是滋味——她怎么能受得了这个？

18

儿子成家立业（1921—1925）

我儿子到了该结婚的年龄，淑德被教会送到北京上学，另一个外孙女在黄县，也在教会学校上学，我很少见到我闺女。

通过我那个海边有花园的朋友张发的帮助，我安排好了儿子和梅云的婚事。梅云姑娘与我外孙女在同一个教会学校上学。我儿子正在为他的一个朋友工作，是他在海关工作时认识的一个朋友，这个朋友早就开始自己做生意，儿子的前景似乎挺好。梅云的哥哥曾经运气很好，后来变坏了。有些人能经受住金钱的考验，有些人则不能。对一些人来说，比以前有更多的钱是一种毒药。他曾经在一家花边公司有一个好职位，后来他开始自己做生意，还学会了抽鸦片，生意失败了，他赔了八万银元，于是人就跑了。

梅云的母亲早年去世，她的父亲再婚。她的继母对几个大孩子很苛刻。他们把梅云送到花边厂做花边，不让她继续上学。因此我们定了结婚的日子，要把梅云娶进门。

我很久没有见到我闺女，我的朋友都力劝我让她知道我儿子结婚的事。他们说："她是你闺女，你只有这两个孩子。"所以我让朋友告诉了她，她回家参加了婚礼，我们彼此很客气。

但是我的脾气不好，我的脾气一直都不好。当到了要给人力车夫付钱的时候——他们帮我接送参加婚礼的客人，我付给他们每个人八百文钱，两栋房子之间没有多远，仅仅是一小段上山的路。但是人力车夫不满意，于是我问他们想要多少，他们说要两千文钱，我说这太过分了，我问他们以前是否要过这个价，他们说要过。我问他们向谁家要过这个价，他们说向另外一家这样要过。因此我要和他们去那一家。但是我的朋友，有不少朋友参加了婚礼，齐声劝说我不要发火，所有人都知道我的坏脾气，他们劝说我不要去那一家和人家吵架。朋友们说："这是你儿媳妇终身大事，不要让几百文钱毁掉它。"

于是我付了额外的钱。但是在结婚后第三天新娘子要回娘家的日子，我送儿媳妇一个人回去了，我没有让儿子和她一起去，我儿子只有十八九岁，我担心他被卷入超出了他年龄所能承受的争吵。我没有再让儿媳妇回娘家，一直到过年的时候，我才按规矩让她回娘家拜访。

“你要怎么办？”张发问，“孩子出生的时候。”当第一个孩子出生的时候，去告诉老婆娘家人是丈夫的职责。

“我送封信。”我回答。

第一个孩子出生的时候，我正要找人写信，这时我闺女说：“不要紧，只有几步路，我去吧。”于是她去告诉他们这个消息，梅云的老父亲嘟哝了一声。

“好。”他说。于是这件事就这样过去了，但是他们一样东西都没送。在富人家里，母亲给闺女送的东西足足装满好几个大红盒子，由两个男人抬着，你会经常看到这样抬着东西的人穿街过道。所送的东西都是年轻的母亲和孩子需要的。穷人家里也会送不止一篮子的东西，有给孩子穿的衣服，有给母亲用的尿布，有鸡蛋、糯米和红糖，但是他们一样东西也没有送，他们不仅没有送一样东西，而且没有一个人来看梅云。这让梅云非常难过，她对娘家人的感觉不一样了。

梅云躲债的哥哥回来了，他很穷，需要帮助，我帮了他五六块银元，还帮他找了工作。后来他和他父亲争吵起来，我不知道他们争吵什么，但是这是一场非常激烈的争吵，后妈想打他，但是他的父亲没有让她打，她非常生气，结果病了。她病了三年，慢慢地变成了肺痨，最后病死了。随着岁月的流逝，他们家里的争吵越来越厉害，但是在最后几年，这个家安静了。

后来有一天，梅云父亲的表弟何云富的妻子对我说："梅云后妈快要死了，她的小脖子还没有我的手腕粗，让梅云回家看看老太太吧，现在没有吵架的理由了。"

梅云很伤心，因为生孩子的时候没有人来看她。但是毕竟这个女人从梅云五六岁起就照顾她。

我说："这不关我的事，我不会干涉的，如果她想回家，我不会阻拦她；如果她不想去，我不会勉强她。"

但是何云富的妻子不满意："那不是这个问题，如果你叫她去，她会去的。"

我回答："这么久没有联系了，我怎么知道他们会接待她呢？甚至可能有更多的麻烦。如果你希望梅云去，下一次你去他家探望的时候，你可以试探一下梅云父亲的口气，你可以顺便地说：'现在嫂子病得这么厉害，闺女可能想知道呀。'"何云富的妻子答应说她可以去探听一下。

当她去说的时候，梅云的父亲"呸"了一声"那个兔崽子"，他说："那些兔崽子！我和他们有什么关系？"因此我们家没有人去看望死者。

这老头非常蠢，当老婆快要死的时候，他很大声地叫着"不告诉任何人”“不派人叫闺女”“不派人叫儿媳”。自从他的儿子离家逃债之后，他儿媳妇就回农村和自己的娘家人住在一起。他也不让他们派人去叫他的寡妇婶子——他叔叔的寡妻。当有人问他如何安排四个年幼的孩子时，他说要把这几个孩子交给他们的姨妈照顾。于是大家抬走棺材把她埋了。她妹妹来了，在坟地哭了一场，然后上了驴就走了，她没说一句要照顾孩子的话。

他把孩子送到一个已婚的侄女家，这个侄女照顾了他们一段时间。但是她有自己的孩子，谁有时间照顾四个孩子，他们又脏又臭的怎么办？于是他又给女孩找了一家去做童养媳。做童养媳的生活很不容易，她还那么小，他们让她做全家人的鞋，所有的重活都是她干。我听说他们后来休了她，为她重新找了一个婆婆家。男孩子们被送进了救济院，我听说是张发帮着安排的。

老的必须为小的着想，如果老的不为小的做出牺牲，一个家庭就不能团结在一起。梅云父亲一家人散了，他们住在六个地方。我的家人除了淑德都在一起，淑德在假期的时候回家。

我儿子结婚那一年的夏天，淑德回来看我们。既然我把儿子的生活安顿好了，我希望能给淑德提供一个家，能给她找一个人，她可以在生活中安定下来。我对李青山讲了这件事。李青山曾经是淑德的中学老师，他是我的老朋友兰太太的女婿，我对他讲了我的愿望，我问他是否认识合适的人，他说给他时间仔细考虑这件事情。第二天他来找我，说刘裁缝有一个儿子，这个孩子我们都认识，这两人会是很般配的一对，刘家人也愿意。我的外孙女受过很好的教育，她的英语很好，但是在中文方面，刘家的男孩更精通，所以他们很般配。

我心里很高兴，我告诉淑德，但是她的脸色沉了下来，说："我不要，我不要。"于是我告诉李先生不要再提这件事了。刘家对此很不高兴，事情进行到这个程度，拒绝他们是对他们的轻视。但是我说过我不会强迫我的外孙女，现代的年轻人是不能被强迫的。从那一天起，对淑德我从来没有再采取任何行动让她结婚。我闺女也参与了反对这件事，她说："你还要像糟蹋我的生活那样糟蹋她的生活吗？"

但是对于女人来说，不结婚是不好的，当她老的时候，她身边应该有自己的人。

那年冬天，我听说我闺女和与她同居的那个男人计划着让他上了年纪的叔叔来跟他们住在一起，我知道他们仅仅租了两间房子，我闺女和那个男人以及他们的孩子睡在外面的房间，我的外孙女睡在里屋。我问我闺女那老头要睡在哪，她说他可以睡在里屋。我非常生气，我问她是不是不知道啥叫体统，以至于她能让她的闺女和一个男人睡在一张床上，即使他已经七十岁了，他仍然是一个男人，而她现在是一个十五岁的大姑娘，所以她让我带着孩子回家了。

我也不是那么方便，我只有一个房间，在那一张床上，我儿媳和婴儿也睡在上面，我儿子睡在他工作的办公室，而他每个月在初一和十五日两个晚上回家过夜，当他回家过夜时，我去张发家。像我这样的老太婆总是可以多放一个草垫子的，对他们来说，要为一个十五岁的姑娘再找到房间不是一件容易的事，但是他们都是好心人。

那老头终究没有来，我闺女说我带走了她的孩子。

我的小外孙女在教会学校上学，淑德在放假期间从北京回家来看望我们，她看到的情形让她很不高兴，经常吵架。于是，淑德回北京后，传教士把她的妹妹送到蓬莱附近的黄县，他们在那里也有一所学校。但是即使在那里，她娘的丢人事还是会有人提。

其他的女孩会对她说："你妈妈不是个寡妇吗？"

"是的。"这孩子会说。

"可是你不是有一个妹妹吗？"

我责备我的小外孙女，我说她没有掌握主动，她不会对她们说："我爹死了，因此我娘另找了个男人。"再找男人并不是一件丢人的事，它不光荣，但也不羞耻。但是我的小外孙女还是个孩子，她想不到这些话，她开始苦恼，她焦躁不安，结果生病了。他们把她送回了芝罘的学校，我听到消息之前，她已经在学校躺了两三天。我一听到消息就去学校看她，我在她的脸上看到了死亡的气息，我用被子把她裹好，把她送到了她母亲家。如果她要死，她应该死在她母亲的家里，这样才合适。她病了有十天或者八天的时间，我没有去看她或她的母亲。我和她的母亲在她的坟前相遇，我们之间说了几句话。我的小外孙女被埋在山坡上的一个果园里，树上的花开得正盛。

毁掉她自己孩子性命的是我闺女，外国医生说她死于伤寒，但是我知道她死于她母亲加在她身上的羞耻和愤怒。

带着我儿子做生意的那个人破产了，我儿子一年的时间没有工作。我写信给青岛和北京的朋友。兰太太的儿子正在为花边公司出差，他给我儿子在印度找了一份工作，但是我没让儿子去。印度人黑，那个地方很热，我儿子身体一直都不壮实，我说不能去。我写信给我的朋友们，一个朋友终于在北京给他找到了一个职位，是在一家牙科诊所作为技师学徒三年。这位牙医也是山东人，他的妻子是蓬莱人。学满三年后，我儿子会成为一名最高级的技师。作为一名学徒，他会有生活费，会有用来买鞋和理发的钱。淑德已经毕业了，在北京的一所大学教书，我和儿媳妇还有小孙子依靠淑德寄来的钱过日子。

我儿子非常想家，他写信给我恳求回家，我写信给他，告诉他必须留下来。我说："当到了出嫁的日子，一个女人能说她不去婆婆家吗？你现在不是一个有家室的男人吗？"儿子坚持留了下来。

后来有人告诉我一些朋友要在芝罘开一家牙科诊所，他们问我是否愿意让我儿子加入他们，我捎信告诉儿子。他在收到我的信当天就动身返回，他甚至不愿等到下一个星期，那时他师傅的嫂子要来芝罘，儿子乘着第一班火车离开北京回来了。

儿子很瘦，他在北京一直是四处买东西吃，他感觉饿的时候才吃东西。他不知道如何花钱，他一直听我的指挥。我说他不要回去了。但是他师傅的父亲去世了，他师傅回山东给他的父亲送葬，路过芝罘，他来看我，他说我儿子会和他的家人一起吃饭，还有那个等到完成学徒的阶段，我儿子一个月会收入三十块银元，因此我让儿子回了北京。后来他只给我儿子十五块银元，如果淑德不帮忙，我们无法生存。

一切都是命。有些人说我应该留在我男人的身边，当他卖我女儿的时候，不离开他，那样我会有更多的儿子，有年龄更大的儿子，我会比现在过得好一些。曾经有这样的一些人，他们要饭养活家人，直到最后还富有了。有一个女人，她有四个儿子，她要饭抚养他们，他们都做了官。

在芝罘有一个老太婆，她过去常常走遍城市的大街小巷乞讨，她还在海滩上为水手们缝缝补补。她的儿子开始在海边做小商贩生意，当水手们上岸的时候他卖食物给他们。后来他开了一家当铺，他变得很富有，无论他看到什么新鲜的东西，他都会买给他的母亲，当母亲反对他这样做时，她说："你不该花这么多钱。"他会说："这个没花多少。"

总是这句话——"这个没花多少"。

他的母亲生病了，儿子跪在院子里发誓，母亲活着的每一年，他都去泰山朝圣，母亲活着的每一年，他都去泰山烧香，并且用双脚走着去。他的母亲身体好了，他每年都走着去泰山，身后背着许多香。

一年，他正在赶路，遇到了一个老婆婆，老婆婆对他说："你为什么走这么远？泰山娘娘无处不在，有时她在这里，有时她在那里，你的香在哪里能点着了，她就在哪里。"

一天，他去了火神殿，他的香点着了。他召集大家开会，成立了一个会，他立了一块碑，还给泰山娘娘修建了一座庙，每年的二月，芝罘人都去那里朝拜。

到了夏天，芝罘有很多游客。我的朋友们知道我想要工作，于是她们把我推荐给了俄国领事的妻子，她有一位从天津来的客人和她住在一起。我说一个月给三十块银元我就干，但是她说太多了。对于住在芝罘的人，一个月给我十五或十六块银元我就干，但是为这些来过夏天的人工作，时间短，很有可能在秋天找不到工作，我们必须要挣得更多一些。于是我说给二十五块银元我就干，但是不能少了。他们花二十五块银元雇了我，孩子立即抱给我了。这孩子拒绝让另一个保姆碰他，当那个保姆靠近他时他就哭，但是这孩子喜欢我。

为俄国人工作挺容易的，他们吃的比其他任何外国人都好。亚德利太太是英国人，她总是吃同样的食物，一只烤全鸡或一块烤牛肉和一些煮菜。俄国人起床前，在床上喝早茶，他们的早餐总是相同的，一些面包、黄油和果酱，稀粥和一杯牛奶。半晌有茶和蛋糕，过晌还有茶和蛋糕，他们离不开蛋糕。但是俄国人吃很多东西，外国人吃的东西他们都吃，我们中国人吃的东西他们也吃。俄国女人可以走进厨房为自己做饭，而且做得很好。我给一个俄罗斯女人洗衣服，她的婆婆常常走进厨房做饭，她会做俄罗斯饺子，有点像我们的饺子，会做面条。饭做好了以后，她会留出几个饺子或一点面条给我。她会说："来，拿这个尝尝。"

当这位夫人回天津的时候，她想带我一起走，我说我不能去。她说她会给我不错的工资，活也不太重，为什么我不跟她一起走呢。我全部跟她实话实说，我想跟她一起去，我儿子在北京，所以我更想跟她一起去，但是我不能去。她生我的气，离开了芝罘。但是我不能去，我的儿媳在九月或者是十月要生孩子，我不能离开她，她这种情况，我也不能领着她长途跋涉去陌生的地方。我还正在打官司，我借给一个人一百五十块银元，他不还给我，所以我不得不状告他，案子要在八月审理。

除了那两个月的工作，从我儿子离开后，我没有固定的工作。那些年太艰难了，当有人来找我时，我会做一些缝缝补补和洗衣服的活，一个月挣五六块银元。由于那几年的闲散，我儿子三年没有正式工作的时候，我全部的积蓄，大约三百块银元都花光了。

我儿子一月去的北京，那个时候官司就开始了，直到九月官司才结束。

那一整年的时间都被打官司这件事拖着。我把钱借给了一个姓高的洗衣工，一个脸上有麻子的人，他在北河街开了一家商店，他有两个儿子在威灵学校读书，我儿子也曾在这所学校读书。他跟我借钱，每个月按百分之二的利息给我，我每个月借三块银元给他，已经借了三年了。后来他不大还利息了，对我来说，每个月拿出这笔钱也很难受。他声称他把钱借给了别人，他们不肯还我的钱。

人人都知道我儿子是个闷葫芦，我派他去要这笔钱，让他告诉这个男人，如果他不给钱，我们就要起诉他。

高对我儿子说："我不怕。那就告吧。"

我儿子去了北京。我去找高，他不喜欢我来。"你儿子在哪？"他说。

"我儿子在哪不关你的事，你是和我做的生意，这件事由我开始，也由我来结束吧。"

最后他说："去法庭吧，我还上钱。"

我回答说："我要告谁？我们一直都是朋友。"于是我去了法庭，起诉他不偿还正当的债务。但是后来，他感觉后悔了，想找中间人来协商解决这件事，但是为时已晚，我已经花钱买了公文书，在公文书上写好了控告的原因，还支付了提起诉讼的费用。三方全都去了法院，我，洗衣工，还有借贷的中间人——我的朋友。

当我们坐在法院，一天一天地等着轮到我们的时候，我们看到了许多其他的案子：通奸、鸦片、抢劫、谋杀，一个姐姐伤害了弟弟，还有一个鸦片走私者，她是一个老太婆。

法官问："你为什么卖鸦片？你不懂这是犯法的吗？"

"懂。"

"你为什么要卖鸦片？"

"我没有其他的法子能吃上饭。如果我努力去找个老伴，没有人要我，即使是拉大粪的也不要我。"

"嗐！你这个糊涂蛋，滚！"法官说。

我总共去了十趟法庭，花了差不多一年的时间才解决这个事情，但是我收回了钱。

孩子九月出生的，是个男孩。

19

北平（1928—1934）

当第二个孩子三岁的时候，我儿子完成了他的学徒期，他来接我们去北平。我不想去，我不想离开我的朋友和我所熟悉的生活，但是我的儿子在北平，我剩下来的全部就是他了。我闺女与和她同居的男人去了上海，他找了一份工作，在一家为水手开的寄宿公寓里做厨师，收入还不错。他承包了伙食。我的外孙女淑德在北平的一所大学教书，收入很不错，她给我们寄来了去北平的路费。我儿子的雇主把他的工资涨到了一个月二十块银元，因此我们在北平安家，平静地过了几年。

但是在我心里总是挂念着我在上海的闺女，深深地想念她，她应该和自己的亲人在一起，不应该跟那个外人在一起。我告诉淑德，并催促她去找她在上海的娘，看看她怎么样。我对淑德说："如果你娘愿意回到我们这里，我们会非常高兴。"

我还听说那个男人正厌倦她，把更多的注意力放在他的另一个家。我闺女已经不像以前那样年轻了，随着岁月的流逝，她胖了许多，她一直都胖，但是听人说她现在很胖。当我送别淑德，她坐上火车还在路上的时候，我一直在祈祷，我祈祷我闺女能平安地回到我身边。外国人和基督徒有他们祈祷的神，我们有我们的神。当我怀着这么喜悦的心情祈祷的时候，我一点不知道我给我们带来了什么麻烦。

淑德来信说那个男人没有了工作，我女儿不幸福，要回家找我们。我在一个比较大的院子里租了一栋房子，我租了三间房子，这样她可以自己有一间房子。房子比较大，超出了我和儿子的负担能力，但是淑德答应帮忙付房租，她还来帮我们做准备。

我闺女来了，从她到达的时候起，我们不再有片刻的安宁，总是有争吵，或者是两人不说话，她说我千方百计毁了她的生活。

我的命真是不好。我出生的时间不吉利，出生的时候八字不好，我的男人糟蹋了我的青春，我的闺女女婿毁了我的中年，现在是我的闺女让我的晚年不幸福。在她尚年轻的时候，她确实不是现在这个样子，在后来的这些年中，她走得离我更远了。

她总是怪我没让她享受到青春，她的青春的确很艰难，她有挨饿的时候，有受冻的时候，她的男人不是人。但是她对我最强烈的怨恨是那些日子，她早晨要早早起来做食物，准备好食物让她爹出去卖。

即使再多一个房间，我们家的空间现在也不够用，我闺女一直在抱怨，她说起了她为我做的一切。有一次，在我们来北平的早期，当时我儿子挣的不够给我们吃，淑德写信给她母亲，告诉她我们的短缺。我闺女寄过两三次钱，每次四十或五十块银元，她现在跟我们提这些事。她还提到衣服，当她闺女上大学时，她送给她闺女衣服，她闺女没穿那些衣服。她没穿那些衣服也是我闺女抱怨的理由，但是我外孙女不喜欢她妈妈喜欢的衣服的颜色和面料，她不穿她妈妈送给她的衣服。这些衣服是像上海女人穿的那种丝绸之类的，颜色鲜艳，尺码也大。淑德的品味好，不能穿那些衣服，那些衣服适合家庭妇女，但是不适合学校的教师。我闺女说起她寄给我们的钱，说起她自己的艰难的青春，她一次也没有提到我的艰难的生活或者她弟弟的艰难青春。

我外孙女住在大学里，但是她经常来看我们。她一直是个好姑娘，即使那一次她伤害了我也不是她的错。她看清楚当时的情况，她说如果我们分开住，情况会好一些。我听不进去这些话，我担心我闺女回到那个男人身边——如果她想找男人，她为什么不挑一个没有妻子的呢？

于是有一天，当我不在家的时候，她俩搬出去了。我外孙女为她母亲找了一栋房子，并帮她搬了出去。当我不在家的时候，她俩搬走了，她们没有告诉我她们在干什么，当我回家时她已经走了，她们给我儿媳妇留了一张字条，仅此而已。

我去找了我儿子老板的老婆，她也是从蓬莱来的一个老朋友。我对她说："我的孩子们这样对待我是什么意思？"

她说了很多话来安慰我，最后她说："你闺女告诉我，她不是抛弃你，她会一个月寄给你十块银元。"

这时我明白了她的意思，我完全明白了，我的心中涌起巨大的怒气，我很多年没有这样愤怒过。我去找了淑德，像我这样的老佣人，我不会进入她住的那所漂亮的房子，我坐在台阶上等她。她们说她出去散步了，也可能去看她的母亲了。我坐在台阶上等着，后来淑德回来了。

"姥姥，你在这里干什么？进来吧。"但是我不进去。

"我不合适进这高档的房子，见你的高档朋友。我要说的话，我在这里说给你听。"但是她继续恳求我进去，接着她还从口袋里掏出五块银元，不，是六块，试图把钱给我。

即使我外孙女的心也被我闺女毒害了，我更上火了，我转身要离开。淑德跟着我喊："姥姥，今天晚上我来看你。"

她去见了她的母亲，她们俩人之间谈论了我。我闺女不会写信，她叫她闺女替她写了一封信，在这封信里写的全部是我的罪状，然后她把信寄给了我儿子。我儿子打开信读了，他不想读这封信给我听。我逼迫他读给我听，我告诉儿子必须替我写一封信给她俩。他不想写信，但是我告诉他必须写。他下班后又带回家一封信，我外孙女说那天晚上要来看我，但是她没有来，这封信说她不来了。

我告诉儿子要写什么，我讲了我闺女的童年，那时我为她乞讨，为她挨饿；我讲了我闺女的青春，那时我为她打斗，以及我为她遭受的各种各样的苦难。

我儿子正在写信的时候，淑德来了。如果她那天晚上没有来，我怀疑我是否会原谅她。她来了，她站在院子里，她害怕进屋，因为她听见了我愤怒的声音语气——我正在告诉儿子要写些什么。邻居们围着她，这个院子住了三家，她说她要回家，但是她们告诉她我不是生气，我是受到了伤害，于是她进来了，她哭了，我也哭了，我们还能做其他什么事呢？

好几个星期我不接受她的钱，好几个月我没有见到我闺女。

淑德经常来看我们，一天当她要离开的时候，她把六块银元放在我手里。“不是给你的，”她说，“只是给孩子们的，给他们买些糖果。”钱是给我儿子的孩子们的，我的外孙女是个好姑娘。

后来我闺女开始回来看我，但是当她来的时候总是有些不安宁，我们之间说任何话都能导致争吵。在她面前，我是哑巴，我的话要憋回去。我看到她来的时候，我会拿出棋盘，我们一起下棋，我们还能做什么？

嫉恨自己的命运是没有用的，发自内心的愤怒一点好处都没有，还会让人生病。即使我打扮得不像那些地位高的人，我为什么害怕他们的嘲笑呢？我没有偷，没有借他们的钱，没有养汉，我觉得我像他们一样好。我闺女不是这样的，正是她内心的嫉妒腐蚀了她。

她也让梅云不开心，梅云性格温和，随遇而安。但是我闺女也让梅云不开心。我们住的房子被房东卖了，因此我们不得不搬家。梅云说："我们不告诉姐姐吧。"按理说，作为我的闺女，应该告诉她我们要搬家，这样她可以回家帮忙，这样做才是对的。但是我理解我儿媳妇，所以我同意了。但是我闺女听说了，无论如何她还是来了。我们正在新家安置床，我闺女进来帮忙，她在房梁下放了一张床，她说："我们不害怕在房梁下睡。"

我儿媳妇什么话也没说，但是她的脸拉长了，表情严肃，她把床挪开了。那一天剩下的时间，我儿媳妇都是沉着长脸干着自己的活。当我看到这些，我的心也变得沉重，内心升起了怒火，我一直是一个脾气火爆的女人，但是现在内心这些怒火我都不能发出去，我能说什么呢？我把怒火憋在心里。我的闺女、我的儿媳妇、还有孩子们都在我身边，我什么也没说，但是我生病了，我病了十天。压抑怒火真是没有好处。

我闺女星期天都回家，她弟弟这一天也在家。她来看我们是她对家人的责任，但是这没有让我们快乐。我也不敢再和她争吵了，因为在我心里一直害怕她会回到那个男人身边。有人告诉我，那个男人在上海丢了工作，已经回到芝罘。当我闺女说她不喜欢北平，要回芝罘的时候，一种冰冷恐惧感袭上我的心头。

我不喜欢北平，我想回芝罘。首先我说："我外孙女不在的时候我不会回去。"淑德的学校送她去美国一所很大的学校学习一年，我说我会等，一直等到她从国外学习回来，然后我把她母亲交给她。我的儿子现在独立了，他挣的钱足够能养活他自己的家，他独立了，不需要我了。当他挣的钱足够养活他自己和他的老婆孩子时，我不再管理他的工资了，我把它们交给了他的老婆。我计划淑德从美国回来后，我自己回芝罘或者回蓬莱。在那里我身边有朋友，我可以度过生命中所剩不多的日子，在那里我可以和我的朋友们畅谈我们都熟悉的过去。我一生的时间真的都是在为家人着想，他们不再需要我的时间很快就到了，但是今年他们还需要我，我必须留下。

我说过我要用我自己存的钱去山东生活，我要回蓬莱去看看我度过青春的地方，我要去看看还在世的几个老朋友；我要去芝罘，在那里找一个小房间，我要在我自己的朋友中终老而去。但是我必须先等我外孙女回国，我们俩都担心我闺女会回到那个男人的身边。

20

一家人在北平立足（1934—1937）

我的外孙女淑德从美国回来了，她比以前对我们更好。她在大学里有一个很好的职位，住在女教师住的公馆府邸里。她赚的钱更多，她非常慷慨，她每个星期天都来看我们，带东西给孩子们，帮助给我儿子的孩子们付学费。

淑德每个月都给她妈妈钱，她妈妈很满意。她和朋友们一起玩麻将，她们叫她李太太。她打扮得像一个富裕有闲的女人，过的日子也像一个富裕有闲的女人，或许她觉得她中年比青年要幸福一些。

然后我病了，我一侧的脸僵了，一只胳膊和一条腿也不好使唤。这一定是我内心郁积在一起的怒火造成的。当我闺女来看我时，每个星期我都压抑怒火，我不再发泄了。一定是这些长期积攒的怒火，因为没有特别的怒火导致这场病。一天早晨我不能起床了。

当我生病的时候，我闺女来看我，她在我身上花了很多钱，我儿子也是这样。我闺女一直守着我，她按照医生开的药给我服用，那是很贵的药。她在城里为我请来了最好的中医，甚至还从西城请来了一个，大家都说他是城里最好的中医，擅长针灸，我们还请了其他一些中医，但他是最好的。我的孩子按照医生开的药方给我抓药，我的病治好了。有些药一片就要花三块银元，我闺女对我一点也没有不舍得花钱的意思。我的外孙女也经常来看我，她请来了一位外国医生给我看病。我真得到了很好的照顾。

于是我明白了尽管有很多不愉快，我闺女是爱我的。现在我们可以见面相互不吵架了，但是我们会斗嘴，我想我们之间总是要斗嘴的。她不太经常过来了。

我的病治好了，我拄着拐杖可以走路，我的脸和以前一样了。但是我不像以前那么强壮了。

我回芝罘去看了我的老朋友，卖掉了家具，我住在张发家里，我见到了所有的老朋友，我玩得很开心。但是我感觉我在芝罘无法安心，我一直想念孙子孙女们，我要看见他们，我担心他们，我一直在想他们。

现在我已经去过芝罘了，我很满足，我要和我的孩子以及孙子孙女在一起。人有孩子是很好的。当你老的时候，被自己的孩子围绕在身边是很好的。

我儿子要买一栋房子，他说我们最好有自己的地方住，人还是住在自己的房子里体面。我们找了一栋要出售的房子，这房子有水泥地面和石膏天花板，它太硬了，我觉得我在监狱里。我儿子说这房子干净，可我感觉它太硬，我习惯了用纸糊的天花板和用砖铺的地，这个房子不协调，我可不愿住在这里。这房子有三间北屋和六间南屋，房子院子里的布局也不合理，其中有三间房是在主院外的一个小院子里。我想那三间房一定是另一栋比较大的房子的一部分，是某些建筑商在大房子上额外加盖的三间房。房子没有韵律，也不和谐。这房子的风水对我们的命运不好，在这样的地方会导致八字不合，门外还有一口苦的咸水井。

我现在快乐知足，已经习惯了住在北平。我还能给孩子们缝缝补补，给朋友们做礼物。我还能准备一些有特色的饭菜，比如五月端午节的粽子和新年的年糕，孙子们喜欢包子——蒸的肉包子，我为他们过生日准备的。

我儿子的孩子都是些好孩子，两个大的孩子正在上学，他们把成绩单拿回家，他们学得很好。第三个孩子一直生病，他是个被惯坏的孩子，他可能要给我们带来麻烦，他父亲最喜欢他，他长得像我家的人，像徐家的人。我爱我所有的孙子，但是如果要说我最喜欢哪一个孙子，我会说最喜欢大孙子，他是第一个男孩。我儿媳妇爱最小的孩子，母亲总是这样。孩子们全部知道这些，还谈论这些，他们说姑姑最爱小姑娘。所以每一个孩子都有一个大人爱。

我闺女还是一个人住，但是她在我家附近租了一所房子。她一个人住，所以小姑娘，我儿子的闺女，去陪她过夜。我闺女还是一个傻瓜，但是我们现在不吵架了，我们仅仅斗嘴，或许有时候我们还会有点吵架，但是我已经学会了放过那些以前我从来不会放过的事情。

我们有一个幸福的家，我儿子和儿媳对我很好，他们相互之间也很好。孩子们有时候会吵吵闹闹，但是孩子就是这个样子。我们的房子很小。我儿子现在一个月挣四十五块银元，我们有足够的吃的和穿的，我们在冬天过得很暖和，但是我们的房子小。

我的身体健康，胳膊和腿都能活动，我能做针线活，但是我的体力不能持久，我比以前更快地感觉到累，我现在不能像以前那样长时间做针线活，现在甚至去剧院看戏或者去市场听说书的都让我感到疲劳，有时我还会去一个或两个小时，但是没有靠背的凳子让我一会儿就觉得累。他们告诉我，我已经老了，不能期望其他的样子了，但是我不觉得老，在梦里我总是十分年轻。我梦见了在蓬莱的日子，我和母亲和哥哥在一起，我还梦见我在和我闺女女婿打架，或者是梦见我在和叔叔说话，但是我总是年轻而充满活力。

老太太在看英文杂志了解有关美国的事情

我的外孙女淑德是一位成功的女性，但是她还没有结婚。我告诉外孙女她应该结婚。她说为国家工作结婚不是必需的。这是新话题。我们都知道家庭比其他任何事情都重要，每个女人必须有丈夫和孩子，如果没有家庭和孩子，怎么可能有国家？

我的外孙女三十五岁了，她没有结婚。我去找她的老师，她的老朋友。我说："你不能对淑德的婚事做点什么吗？你不认识跟她一起工作的哪一个同事，一个受过教育的，她和他能谈得来的人吗？你不能在还不是太晚的时候为我外孙女找一个对象吗？她身边应该有她的人。"

生命在延续，一代又一代的人可以追溯到几千年前的伟大的父母祖先，一代又一代的人还会继续绵延几千年进入未来，一代接着一代。对比这个巨大的阵列，个人只是很小的一个点，但是在另一方面，没有哪一个个人可以退出，每一个人都是这伟大长链中的一环。

没有人能退出而不打断这根长链，一个女人所处的位置是用一只手抓住上一代人，而用另一只手抓住下一代人。这是她和所有女人的共同命运。

21

日本人入侵（1937—1938）

我的儿子和我外孙女淑德谈论日本人，谈到日本人正在攫取的权利，以及他们每年要更多地占领中国的野心。日本人占领不属于他们的土地是不合理的，这是让人不能理解的方式，是强盗的方式，是人类应该摒弃的方式。我的确说过，日本人不会进入中国，进入不属于他们的国家，拿走不属于他们的东西，但是我儿子和我外孙女说日本人会来，他们会给我们制造很多麻烦。如果他们来了，淑德说我们应该考虑当他们来的时候我们要做什么。如果日本人控制了北平，淑德说她不会留在北平。如果日本人来了，淑德和她的很多朋友决定离开北平，他们决定去某个地方为我们的国家工作，这是我不懂的新话题，但是我的外孙女是个好姑娘，她为什么要离开这份好工作，去一个没有人认识她、没有自己亲人的地方呢？

我儿子每天晚上给我读报纸。我开始明白淑德正在谈论的是什么。报纸每天都在讲日本人。我儿子说日本人每天都靠得更近了，他们每天抢走更多属于中国的资源。日本人的行动给我的感觉好像是我在轮船上的感觉，恐惧和不确定。

后来银元变得没有用了，成了废物。我儿子说如果任何人买一点银子，都会被送进监狱。如果银子被送到银匠那里，也不能使用。银匠收到了命令，所有的银饰品只允许使用三分之一的银子。老人说提前打算太远是没用的，命运以我们不知道的方式已经定好了。当我外孙女把银元拿给我的时候，我挨个敲敲听音，只留下最好的，现在银元没有用了，纸币取代了银元的地位，这是不符合道理的——银子永远要比纸值钱。来来回回去了几趟银行，我有了自己的小积蓄，我手头存了二百美元藏在自己的房间里，以防万一我们必须在晚上逃跑。我请求我的朋友，我外孙女的老师，把我的三百美元的积蓄存入美国银行，这样即使日本人来抢走我们家里所有的东西，我还会有一些钱。

战争越来越近了。我记得儿子读过有关一个小国家的报纸上的内容，那里的人都是黑人，没有大炮，每天都有来自欧洲某个国家的飞机飞到那里，向他们投炸弹。日本人每个月都靠得更近一些，他们每一天都更加傲慢，他们开着大汽车。我儿子说，城市的那些决定都是日本人定的。

一年一年都很相似，除了孩子们从一个年级升到另一个年级。我儿子说，日本人来得更近了，他们每年都在夺取中国更多的土地。对于像我们这样生活的百姓，没有太大的差别，只是在我儿子和我外孙女的谈话中，我了解了全部的差别，还有要买的东西更贵了。

后来有一天，我们像平常那样给我儿子准备好早餐。那是夏天，我们做早饭的时候天已经亮了，他出发去工作，但是我们还没有把早餐的东西收拾好，我儿子又回来了。他说我们的士兵不让他穿过主大街，因此他无法去工作。他说街道上空无一人，好像在半夜，士兵们紧握着长刺刀枪站岗。我们关上门待在自己家里。所有的人都回到自己家关上大门。当士兵们战斗的时候，老百姓能做的只能是这样。城市静悄悄的。我从来没有感觉到这个城市如此安静。

每天早晨我儿子都走出去看看他是否能穿过主大街，第三天士兵让他过去了，他们允许我们在日出之后和日落之前穿过大街。那些从城外的菜园送菜的人又来了，我们有吃的食物了。

然后枪炮声开始轰鸣，日夜咆哮不停。人们说，在城南的兵营里发生了战斗。战斗故事像冬天的雪花一样密集。我们三五成群地聚集在路边，谈论我们所听到的，我们都很害怕。

我们为我们的人民骄傲。有人讲了安定门外的一个男孩，他有一把滴血宝剑，他用这把剑杀死了八个日本人，宝剑不停地滴血，他在头的上方挥舞着宝剑，唱着《三国演义》中的一首歌，倒地身亡，他是一个勇敢的小伙子。我们的男人一个相当于八个日本人，但是日本人有枪和飞机，我们只有宝剑。

难民不断地涌进城，在我们这条街上的一户人家是从南城外的一个村来的，他们家来了一些亲戚，住了几天，他们说不出什么情况，他们听到了枪炮轰鸣，收拾好东西就离开了。他们没见到任何日本人，听到开火就跑了。我儿子说城里有很多难民，我儿子的雇主属于一个委员会的，他们发放食物给难民。我外孙女说她们去了医院。

我们都害怕，但是我们该往哪里跑？我们可以从这里跑了，但是我儿子说山东的情况同这里的一样糟糕，我们决定也不妨留在这里。我们说："如果命中注定要活，我们就活；如果命中注定要死，我们就死。"没有人能逃脱自己的命运。当年日本人炮击蓬莱的时候，老张，那个推脏土车的人，带着妻子和两个孩子躲在蓬莱悬崖的山洞里，他走出山洞时，一枚炮弹击中了他，他死了，他的家没有丝毫损失，他是两三个死去的人中的一个。我们只能躲在自己家里待着。

警察去学校告诉孩子们不要自由说话，放学后不要在街上逗留。

直到我们像满洲人那样，日本人才会满意。我外孙女的老师说，日本人得到了中国的北方，他们还企图占领中国的南方，然后他们还企图吞下美国，他们想要天下的一切。

只有天子才能拥有这样的权力，天子是从他天上的祖先那里得到这样的权力，只有拥有天命的人才能有这样的权力。权力的象征，授权的标志在于皇帝的玉玺。

日本人想要天下的一切，他们是不可能得到的。皇帝的玉玺已经丢了，玉玺不见了，没人知道在哪里。1900 年，在义和团运动期间，当慈禧太后躲避外国人逃跑时，她随身带着玉玺，但是她没有把玉玺带回来，她可能在蒙古草原丢了玉玺。没有天命和玉玺就不可能有权力，总司令没有九虎大印，日本人怎么能占领地球？我在紫禁城见过那些大印的盒子，一屋子的盒子，都是空的。

一天晚上，有很大的雷暴，一道霹雳打掉了西华门上面塔楼的一个角，人们发现了一块旧匾，它是我们的祖先埋在塔里的。匾上刻的字刊登在报纸上，我儿子读给我听了。这些诗句是一个古老的预言，人们说预言实现的这一年到了。

能识字真是太好了。老人告诉我们发生什么事，是他们去市场的时候听到的。年轻人是从报纸上读给我们听。

预言都不好理解，这个预言是一首诗，它预言的事情将要发生，一些人解释预言说的时间就是现在，诗中预言外国人来到我们的土地，但是它也预言了外国人将离开我们的土地。

这首诗有两段。第一段没有人能解读，因为只有神知道它的意思。第二段是这样的：

“天皇地皇和人皇，

三皇头上闪红光。

八月十五不见月，

九月十五到大洋。”

所有的人都说，这是预告到九月日本人会被赶进大海。“八月十五不见月”是指在元朝的时候，那时每个人都杀死元朝统治者派驻在老百姓家里的蒙古人，于是把他们赶出去了，告诉人们动手时间的信息就藏在月饼里，这对于敌人来说，八月十五是没有月亮的。

日本人进来了。我儿子说当中国军队从西门和西北门出城的时候，日本人从南门进了城，他们接管了衙门和军营，日本人成了这座城市的主人，就像满族人以前做的那样，也像在满族人之前的几百年前蒙古人做的那样。

《推背图》是一本古老的预言书，是由两位神仙推算的，它说北平最终会被钢铁风暴毁灭。我担心这意味着北平会遭到日本人的轰炸，我的朋友和我儿子的朋友都告诉我，日本人喜欢北平，日本人要为他们自己完整地保留北平，因此北平没有被日本人摧毁的危险。但是我还是很担心，在我看来，日本人进城不是结果，可能还有更多。但是预言说的时间就是现在，预言开头这样说：

“龙牙掉了，

男人和女人都剪了头发。”

清王朝已经灭亡，新王朝还没有诞生，龙牙已经掉了。头发，祖先给我们的身体的一部分，被剪掉了，即使是妇女的头发也被剪掉了。

老辈人讲，在每个人的生命里有痛苦，有幸福，有好有坏。我们说我们忍受不了麻烦，但是当我们真遇到麻烦时，我们也得忍受。

老辈人告诉我们，在每个人的生命里肯定会有麻烦，在我的人生的早期，我有个人的麻烦，现在除了我闺女，我个人的人生是平和的。从太平天国运动到现在，这片土地一直都保持和平。我出生在太平天国运动结束后，在我成长的过程中，老人和年轻人都在谈论太平天国的那些事，那些运动对他们来说是历历在目的经历，但是都已经过去了。小规模的战争不算——在这片土地的边疆地区总是有一些小规模的战争。但是现在我儿子和我外孙女说，在这片土地上要发生一场大规模的战争，我们所有的人都有麻烦。

或许这将是一个新的王朝要来统治我们，但是淑德不这么认为，她说我们必须战斗，我们决不能向日本人屈服。我们怎么能战斗？我不明白这些事情，蒙古人来了，他们征服了我们，但是我们赶走了他们；满族人来了，他们征服了我们，但是现在他们是我们的一部分，我们现在看不出满族人和汉人的区别。

或许天命传给了日本人，没有人知道玉玺现在哪里，有些人说是日本人找到了玉玺。如果日本人得到了玉玺，他们将拥有天命，我们应该把他们当作我们的新主人而服从他们。

我外孙女说不行，她说我们必须反抗，我们没有任何主人。她说这片土地必须由这片土地的人民来管理，她说一个新中国正在诞生。我不懂这样的话，这是新话题。人民怎么能管理土地？一直总是有一个天子，天子是人民的父母。如果他是一个坏父母，天命会从他那里转走，一个新皇帝会来，新皇帝是上天选定的。

我的外孙女帮助她在医院的朋友给山里的游击队准备补给，她不告诉我这个，她说对我来说知道这件事是危险的。我们每天听到城外炮声轰鸣，每天都听到炸弹落在游击队驻扎的山上的爆炸声。有人告诉我们，游击队住的老庙正在被炸弹摧毁，我的外孙女说游击队转移到另一座庙或另一个村子了。日本人轰炸山上的岩石，浪费弹药。但是日本人的炸弹有时候肯定也会伤到人，否则为什么游击队需要医疗用品？

我的外孙女告诉我，一个新中国正在建立，游击队将与人民一起战斗，赢得这场战争。我不知道，对我来说，我们没有战争和破坏似乎更好。我们的祖先因为满族侵略者改变了自己的装扮，但是他们没有改变他们自己，我们是中国人，我们将永远是中国人，他们改变不了我们，但是如果我们死了可就死了。

我告诉儿子做他自己的工作，这是我们中国人一直做的事情。我们为我们的家人工作，我们为活着而工作。

淑德打算去自由中国，我告诉她穿过日本人的封锁线是危险的，我很担心，淑德说她也害怕，但她必须去。

我们能做什么？孩子们，我的孙子和孙女，还都太小不能长途跋涉，或者说不能忍受旅途的艰辛，在其他的省有谁认识我们？有谁会给我儿子工作来养活这些孩子？我女儿太胖太虚弱不能长途旅行。如果命运与我们同在，我们将留在这里赢得胜利。如果命运不肯眷顾我们，我们全家一起同归于尽。如果我们能活，我们就活下去，这对中国也有好处。

住在我们这条街上的两个日本人有一天去了乡下，他们没有回来，跟他们一起去的中国人也没有回来，日本人的家人搬走了。我们都守在自己家的大门内。淑德说日本人的尸体在城外找到了，游击队杀死了他们。

每一天都枪炮轰鸣，我的外孙女告诉我，只有把日本人赶出这片土地我们才会有和平。我告诉她我们会住在这里，我儿子和他的老婆以及孩子们，我的闺女，也会住在这里。只要我儿子有工作，我们都将住在这里。儿子的雇主很好，他的工作是那种人人都需要的工作，无论是中国人还是日本人都需要，我们能设法活下去，这里的学校更好一些。如果没有了工作，我们一家人将死在一起——我信奉一家人不能分离。

我不喜欢我的外孙女即将离开我们，我为她担心。去年过年的时候淑德妈妈蒸饽饽时，饽饽都裂开了，它们散开裂得像石榴。过年的饽饽出现的状况显示了这一年的命运，她的运气破裂了，她的运气和她闺女的运气是连在一起的。

一天晚上，我梦见在街上一个男人试图抓住哪一个孙女，这孩子要么是我外孙女淑德，我闺女的闺女，要么是我孙女邵兰，我儿子的闺女。我跑了，那个人抓住了我的头发，我走到家敲门，我闺女来到门口，也和我们一起走，我们三个人都被带到法院，被带到了知县衙门，这时候我闺女想要摆脱麻烦，试图离开我们，但是我说我们必须一起去，解释我们的情况，讲出我们的理由。

这是一场有关死亡的梦，就像很多年以前我为孩子的爷爷做过的类似的梦。我们中的一个人死后要被带去审判，我们三个人中的一个必须死，也许这意味着我闺女会死，也许这意味着我的外孙女淑德会死于日本人之手，我真的害怕让她离开。我希望这个梦是为我自己做的，无论如何我很快就会死的。

我又梦见两只猫躲在做饭的炉子下面，当生火的时候，烟赶走了一只猫，我知道这是一个征兆——那两个在虎年出生的孩子，其中的一个会有麻烦。当我做这个梦的时候，我不认为这个梦是给淑德做的，我总是告诉毛佳——我的第二个孙子，要小心，天冷时多穿衣服，他也是虎年出生的。

我的外孙女来告别了，她把她房间里有的东西送到我们这里，她说将会在很多年以后她才再需要这些东西。她告诉我们她已经把自己的积蓄交给我儿子，那笔钱可以为她母亲用，也可以为我们用。她说如果可能她会给我们寄钱。她真的很孝顺，她说一个人必须对自己的家人好，但是一个人也必须为国家工作。

她不会告诉我们她什么时候离开，也不会告诉我们她要走哪一条路。她说她会穿保姆或者是农妇的衣服，那样她会安全，她说日本人不阻拦农民。淑德是一个受过良好教育的女人，她的手很柔软，她怎么可能打扮得像个农民而不被发现呢？我为她担心。

我想去给淑德送行，但是她说那是不可能的，没有人确切地知道什么时候走、怎么走。眼泪流下了她的脸颊，眼泪也流下了我的脸颊，也流下了我的闺女——她的母亲的脸颊。

我为我的外孙女担心，但是我不为自己担心。我是一个老太婆，任何事发生在我身上有什么关系呢？我为我的孙子孙女们担心。但是在我和我的儿子都有命、都活着的时候，我们将会为这些孩子工作。

译后记

译者生在蓬莱，长在蓬莱，20 世纪 80 年代初离开蓬莱去外地求学，大学毕业后一直在烟台工作。在译者的记忆中，蓬莱城的登州府第、城门楼和城墙、鼓楼、钟楼等这些建筑都已经是传说了，只有画河里的水自城南的上水门流过画桥，流向城西北角的下水门出城而去，还有城里的一些路名留下了过往岁月的痕迹，如钟楼路、府后路等。译者家住在城东，在读高中的时候，译者每天会骑着一辆除了铃不响、哪里都响的破旧自行车沿着钟楼路，路过全城唯一的一个有红绿灯的十字路口，再穿过画桥来到西山上的蓬莱一中。这辆自行车是译者父亲的心爱之物，为了方便译者走读上学，才割爱给译者。

译者自幼喜欢看书，杂七杂八的，只要有字的都看，成年后偏爱历史、纪实文学和个人传记等。在工作之余的一大爱好就是坚持不断地自学英语，相信滴水能穿石、铁杵会磨成针，梦想着可以走遍世界。

2022 年的“五一”期间，译者回蓬莱看望高龄的母亲，偶然得知了这本书，阅读英文版时，竟然在由英语字母组成的文字里看到了译者家族祖辈的身影，书中寥寥数语描绘了辛家老夫人不俗不媚的个性，正是蓬莱坊间百姓在田间地头和茶余饭后津津乐道的精彩片段。

说起译者与这本书的缘分，首先要感谢原登州博物馆的馆长袁晓春老师，袁老师曾经长期在蓬莱阁管理处工作。

新中国成立后，中美关系曾经隔绝 20 多年，在 1971 年破冰之后，思乡心切的蒲爱德女士于 1972 年故地重游访问了蓬莱阁，并将自己在中国最后的身影定格在蓬莱阁上。至此，这位了不起的女性的形象也就一直定格于袁晓春老师的心目中。袁老师辗转从美国购到原著后，二十几年来一直珍藏于书柜。

蒲爱德女士英文版的《汉家女儿》于 1945 年由耶鲁大学出版，1967 年斯坦福大学再版，是斯坦福大学 15 本畅销书之一，而且是美国多地的妇女研究和中国学课程使用的教材，在海外有较大的影响。这本书还被翻译成日语等语种，而在中国大陆一直没有译本，不能不说是一件遗憾的事情。

袁晓春老师和辛茂顺先生是邻居，俩人也是知音好友，都是蓬莱地方历史文化的研究者和传播者。机缘巧合，袁晓春老师通过辛茂顺先生将此书转送到译者手里，俩人都热切地希望译者能把此书翻译成中文，于是才有了今天的译本。在译者翻译过程中，他们向译者详尽地描述了早在“文革”前后就已经消失的蓬莱旧城的轮廓和布局，讲述了戚继光等蓬莱历史人物的传说，还提供了一些老地图和老照片，与译者一起实地考察了书中提到的蓬莱城内外的庙宇、村庄和山峰。

在翻译过程中，译者似乎穿越到了蒲爱德和宁老太太的聊天现场，一遍又一遍地体会着宁老太太的人生历程，揣摩着她在给蒲爱德女士讲述自己的各种遭遇时的语气和神态。

宁老太太是千千万万个胶东劳动妇女的典型，她性格爽直，机智聪明，吃苦耐劳，坚韧乐观，她对家庭特别是对子女有高度的责任感和自我牺牲的奉献精神。宁老太太身上所表现的品质在译者的母亲身上同样存在，这是世世代代胶东妇女血性中不会丢失的特质，一方水土养一方人！

译作文字最后呈现出的优良品质，要特别感谢北京师范大学历史学博士、河北大学副教授、硕士研究生导师刘云军先生。经过刘云军先生画龙点睛式的修改、润色，整个作品读起来更为顺畅，更为简洁练达，有了行云流水之态，新手翻译生涩的痕迹也几乎消失殆尽……

这本译作毕竟是译者文学之梦的首次尝试，在自我肯定的沾沾自喜之后，译者也意识到译文中肯定有需要改善的地方，欢迎读者阅读后及时指正，多多交流。

在这里，译者要特别感谢齐鲁书社的刘强主任。译作能顺利出版成书完全是刘强主任的点石成金。经过辛茂顺先生和中国书法协会的张永强先生的引见，译者有幸认识刘强主任。刘强主任以谨慎的态度、敏锐的嗅觉和洞见、精准的专业水平，对整部书进行了定位，他充分肯定了这本书可能的社会价值和学术价值，让译者认识到自己做了一件非常有意义的事情。

在编辑设计成书的过程中，译者又看到了刘强主任工匠般的敬业精神，每个细节反复琢磨，封面设计换了几版，书内的插图照片更是反复仔细筛选，其用心的程度令译者感动。译者相信这一定是一本图文并茂、制作精良、富含信息量的上等佳作。

最后，译者重点还要感谢辛茂顺先生。从最初启发译者翻译这本书的想法，到翻译过程中有需要讨论确定的一些细节，再到译稿完成后联系出版社，最后还有出版需要的资金问题，全部过程都离不开辛茂顺先生的全力支持。而令译者感动的是成书的时候恰逢他自己遇到了一些糟心的事情，正逢人生坎坷，他也是一直想办法支持译者圆满地完成了这项工作。

记录渐行渐远的那段过去的日子，讲好蓬莱的故事，也就是讲好中国故事。讲述中美关系的历史情结，让更多的人，特别是胶东人记住蒲爱德女士，是我们合力做好这本书的目的。

谨以此书纪念我们胶东大地的女儿蒲爱德女士！

译者

2023 年 10 月 10 日